AF234333

MAURICE THIÉRY

L'Héroïsme français

pendant la guerre

1914-1918

PARIS

LIBRAIRIE DUCROCQ

55, RUE DE SEINE, 55

—

1921

MAYENNE, IMPRIMERIE CHARLES COLIN

L'Héroïsme français

pendant la guerre

1914-1918

DU MÊME AUTEUR

Contes d'min village. Péronne, 1899.

A travers Paris. Wolff, Paris, 1900.

Contes picards. Péronne, 1902.

Silhouettes picardes. Amiens, 1903.

Journal d'un Officier français. Mame, Tours, 1905.

Contes du Vermandois. Saint-Quentin, 1908.

La vieille ferme, *roman*. Paris, 1910.

Sous le chaume, *roman*. Paris, 1912.

Dans la Picardie dévastée. De Boccard, 1918.

Le nord de la France sous le joug allemand. De Boccard, 1919.

Les petits Héros de la guerre. Delagrave, 1920.

La Guerre en Picardie. Bloud et Gay, 1920.

MAURICE THIÉRY

L'Héroïsme français

pendant la guerre

1914-1918

PARIS

LIBRAIRIE DUCROCQ

55, RUE DE SEINE, 55

1921

L'HÉROÏSME FRANÇAIS

PENDANT LA GUERRE

I

Comment meurt un officier français.

Que de traits de bravoure se sont produits durant la dernière guerre, qui resteront à jamais ignorés ! Aucun ne semble plus digne d'être raconté que la fin glorieuse et combien émouvante d'un chef de bataillon d'infanterie tombé héroïquement.

Le jeune officier qui l'a rapporté avait les larmes aux yeux en évoquant la mort de ce vaillant soldat, son chef regretté.

Le commandant était passionnément aimé de ses hommes et de ses camarades. S'il sut toujours faire respecter la discipline, jamais on ne fit appel en vain à sa bonté. Son esprit élevé, son cœur généreux lui attiraient toutes les sympathies.

Lorsque l'ordre fut donné d'enlever une carrière qui devait nous assurer la possession du village voisin, le commandant tint à ses hommes ce bref langage :

— Vous savez, mes enfants, ce que la France attend de vous ?... En avant !...

Hélas ! avant même que la carrière ne fût atteinte, notre chef frappé par un obus, tombait pour ne plus se relever. Néanmoins, il conserva toute sa lucidité, et comme ses hommes voulaient le transporter à l'ambulance, il refusa obstinément.

— Non, mes amis, répétait-il, ma place est ici. Je ne m'en irai que lorsque je serai sûr que la victoire est à nous !

Le vaillant officier eut en effet cette consolation, car dans le courant de l'après-midi il apprenait que la carrière avait été enlevée après deux heures de lutte opiniâtre et que ses défenseurs venaient de capituler. Une immense satisfaction se peignit sur son visage. Il dit alors aux soldats qui l'entouraient :

— Maintenant, mes amis, conduisez-moi auprès de mes hommes. *Je veux mourir au milieu d'eux !*

Emus, les hommes obéirent. Ils placèrent

le commandant sur un brancard et le trans-
portèrent sur la place du village où le régiment était rassemblé. Les forces du blessé
diminuaient à vue d'œil, mais, en apercevant
son bataillon, il se raidit, et c'est d'une voix
encore ferme qu'il s'adressa à ses soldats :

— Merci, mes amis ! Vous avez bien mérité
de la patrie, et votre commandant est fier de
vous ! Continuez maintenant votre besogne.
Soyez toujours vaillants et forts, et retenez
la dernière recommandation de votre chef :
Encore et toujours, en avant !

A ce moment, le commandant vit que de
grosses larmes roulaient sur les mâles figures
qui l'entouraient. Après une pause, il reprit
lentement :

— *Ne me plaignez pas, mes amis ! Cette
mort est celle que j'ai toujours rêvée. Je meurs
un jour de victoire !*

Il eut une sorte d'évanouissement, puis le
délire le prit. Il récita d'une voix enfiévrée
les *Chants du Soldat,* de Déroulède. Soudain,
il se redressa dans un suprême effort. Ses
yeux brillaient d'un éclat extraordinaire. Il fut
agité d'un long tremblement et, comme s'il
revenait brusquement à la réalité, il regarda

fixement les témoins de son agonie. Alors un sourire passa sur ses lèvres décolorées et, dans un râle, il murmura :

— Adieu ! Vive la France !

Sa tête retomba doucement. Il était mort.

Une heure plus tard, nous repartions à l'assaut. Ah ! je vous jure que notre chef fut bien vengé ! Ses dernières paroles résonnaient dans tous les cœurs. On eût dit que son âme planait au-dessus de nos têtes.

Lorsque, le combat terminé, nous entrâmes dans le village, l'un de nous résuma notre pensée à tous :

— Comme le commandant serait content, s'il nous voyait !

II

Comme à Fontenoy.

L'histoire est un perpétuel recommencement...

Témoin l'épisode suivant.

Le 28 août 1914, un bataillon d'infanterie entrait à Mézières, où il devait garder les ponts de la Meuse.

Arrivé à hauteur du pont du chemin de fer, l'officier commandant la pointe d'avant-garde est avisé qu'une patrouille allemande est cachée dans la gare. Il s'y rend aussitôt avec une escouade et se trouve bientôt en contact avec un détachement ennemi commandé par un officier.

Un combat très vif s'engage à travers les tas de charbon et les bâtiments de la gare. Aidé du reste de sa section, l'officier français arrive à disperser l'ennemi et poursuit l'officier allemand qui pénètre dans le dépôt des machines ; il le découvre, dissimulé derrière un tender. Les deux hommes se dévisagent, un accord tacite s'établit entre eux, et tous deux, à quinze pas, se placent dans la position du duel. « Veuillez tirer ! » lui crie le Français, l'Allemand tire, mais manque son but. Le Français lève alors le bras, et d'une balle abat son adversaire.

Il sort du dépôt, aide ses soldats à jeter dans la Meuse ce qui reste de l'ennemi, et reprend sa marche à la tête du bataillon.

L'officier était le lieutenant de Lupel.

Cette attitude si crâne et d'une courtoisie si française, tranchant avec certains procédés odieux de l'ennemi, méritait d'être signalée.

III

Les prouesses du caporal Sapin.

On ne saurait trop insister sur les merveil-
leuses prouesses du caporal Emile Sapin,
héros parmi les héros, surgi de cette glorieuse
armée belge qui montra aux Allemands qu'elle
n'était en rien méprisable. Le nom d'Emile
Sapin est digne d'entrer dans l'Histoire et
d'être cité à jamais comme un admirable
exemple de bravoure.

Les glorieux faits d'armes de ce vaillant
petit soldat parurent d'abord invraisembla-
bles. Ils étaient vrais. Bien mieux, des renseignements complémentaires ont encore aug-
menté, si cela est possible, la grandeur de
ces exploits.

Sapin, a-t-on rapporté, tua à coups de fusil
les quarante-deux servants et le commandant
d'une batterie d'artillerie lourde allemande.

C'était à Liége, près du fort de Loncin,

au lendemain de l'ultimatum du kaiser au roi
des Belges. Des shrapnells pleuvaient sur le
régiment de Sapin et la position des canons
ennemis qui lançaient les obus n'avait pu
être repérée. Le colonel envoie Sapin et quatre hommes en reconnaissance. Ils parvien-
nent sous la rafale de fer jusqu'aux ruines
d'une maison bombardée. Un pan de mur est
encore debout et près de ce mur s'élève un
arbre.

Sapin abrite ses hommes derrière le mur,
grimpe à l'arbre et découvre la batterie allemande embusquée à cinquante mètres. En un
instant, les officiers et vingt servants tombent sous les balles du bon tireur. Des servants restent encore. Ils l'aperçoivent et en-
voient un projectile dans l'arbre. Indemne,
Sapin se laisse glisser sur le sol, grimpe lentement sur le mur et abat les derniers survivants de la batterie prussienne.

Puis, avec ses hommes, il s'avance, rattelle
les chevaux et les avant-trains aux canons,
et triomphalement rejoint son régiment une
heure après, à côté de tout le matériel. Sa
bravoure lui valut, outre la citation à l'ordre
du jour de l'armée, la croix de Léopold.

Depuis, Sapin a continué. Il fut à Haelen, à Louvain, à Malines, sur l'Yser enfin. Et partout il abattit un nombre incalculable d'ennemis avec une précision splendide. On sait que, près de Louvain, il réussit en outre à capturer, avec six compagnons, quarante Prussiens, dont un officier, qu'il s'empara du drapeau d'un régiment de hussards dont il avait tué le colonel.

L'armée était petite par le nombre, mais comme le disait à Nieuport le roi Albert Ier, le soldat belge est au-dessus de tout éloge et ses hauts faits l'ont grandi : les Sapin s'y comptaient par milliers.

IV

Un acte d'héroïsme.

— Le plus bel acte d'héroïsme dont j'aie été témoin ? répondit l'officier permissionnaire. Pour moi, le plus beau, parce qu'exécuté sans fla-fla, en tête-à-tête, — nous n'étions que deux, — avec cette bonhomie souriante qui est la noblesse des humbles, le voici :

Un matin, j'inspectais mon coin de tranchées, à vingt-cinq mètres de l'ennemi. Gifles de shrapnells, miaulements de balles, mitraillade à outrance. Il n'aurait pas fait bon lever trop haut le petit doigt. Tout à coup, à l'extrême pointe de mon secteur de ronde, je vois l'homme d'écoute, la seconde d'avant aux aguets derrière son créneau, qui pose son fusil contre le remblai, s'enlève d'un tour de reins, enjambe la crête et disparaît. Abasourdi, je lui crie à mi-voix de peur de donner l'éveil :

— Es-tu fou ? Qu'est-ce qu'il y a ?

— Des bricoles, répliqua une voix loin-
taine.

— Veux-tu bien redescendre, malheureux !...

Pas de réponse. Bien entendu, la fusillade
redouble. Une demi-minute s'écoule, — un
siècle. Mort ou vif, pensais-je, il faut aller le
chercher. Au moment où j'allais bondir,
l'homme reparaît, se laisse glisser au fond de
son terrier, se redresse et reprend, sourire au
bec, son fusil et son guet.

— Vas-tu m'expliquer, grand Nicodème, ce
que tu es allé faire de l'autre côté du parapet ?

— Dame, mon lieutenant, le créneau était
bouché : fallait bien qu'on le débouche.

Cela dit avec la placidité d'un vigneron qui,
à l'heure voulue et quel que soit le temps, va
sulfater sa vigne : uniquement parce qu'il faut
que le travail se fasse.

— En attendant, tu courais à la mort...

— Je n'avais pas à m'occuper de ça.

— Qu'est-ce que tu dirais si je demandais
pour toi une citation à l'ordre ?

— Vous ne pouvez pas le faire, mon lieutenant.

— Et pourquoi ?

— Parce que je n'y ai pas droit. Si encore j'avais été blessé... Mais, vous voyez, rien de rien... Ce sera pour une autre fois. Attendons...

V

La mort du général.

Extrait du carnet de campagne d'un médecin :

La scène se passait dans une cabane en torchis par un jour tellement gris qu'on y voyait à peine, au bruit de la fusillade qui s'éloignait et se rapprochait, par une pluie torrentielle tombant avec rage.

Le temps était tellement « bouché », comme disent les marins, qu'on ne voyait guère qu'à deux ou trois cents mètres. Pour se rendre mieux compte des opérations, le général venait de sauter dans une auto, suivi de son état-major empilé dans quelques autres voitures et le petit groupe s'avançait à la découverte quand éclate brusquement sur lui la fusillade nourrie d'un parti d'Allemands postés à cinquante mètres à la corne d'un bois. Les voitures sont criblées de balles, le général est atteint, deux officiers d'ordonnance sont tués net, deux chauffeurs sont foudroyés. L'escorte à cheval dégage rapidement les voitures en poursuivant l'ennemi, qui s'enfuit.

On transporte, au milieu des trombes d'eau, le général dans la masure la plus proche et on nous appelle en toute hâte. A notre arrivée, je constate que le général Bridoux a reçu une balle qui, sortie par la région deltoïdienne de l'épaule droite, a dû traverser le poumon (car il a de l'oppression, de la matité et des râles sous-crépitants à l'auscultation), et trancher la partie supérieure de la moëlle, car il est anesthésié, insensible : paralysie de toute la partie du corps sous-jacente à sa blessure.

Le pronostic est fatal à brève échéance. Rien à faire qu'à retarder le dénouement par de la caféine, de l'éther, de l'huile camphrée. Je m'y emploie avec ardeur et lui donne ainsi une heure de plus de vie. Cet homme, mortellement atteint, et qui le sait, ne pousse pas une plainte ; quand la douleur est trop forte, il ne dit pas : « Je souffre », mais : « Je me sens mal. » Le général Buisson, qui commandait notre division arrive, et cette conversation sublime qu'on ne peut reproduire qu'en termes trop faibles, s'engage entre ces deux héros :

— Mon cher Buisson, mon brave ami, je meurs pour mon pays et j'en suis presque content puisque cela va vous permettre d'exercer le commandement dont vous êtes digne... N'oubliez pas que notre rôle est d'aller en avant, toujours en avant, qu'il nous faut faire le plus de mal possible aux barbares qui veulent anéantir notre belle France... J'ai confiance dans la victoire finale ; je regrette de n'y avoir contribué que peu. Mais je suis content, car mon pays triomphera.

Le général Buisson lui répondit dans des termes à peu près analogues ; ils s'embrassèrent et l'agonie commença.

Au bout de dix minutes, le mourant rassemble les dernières forces qui lui restent et prononce ces mots dignes de l'antique, qui furent exactement ses dernières paroles :

— Je meurs avec joie pour mon pays. Dites au corps de cavalerie que le sacrifice de ma vie doit lui servir d'exemple.

Là, le coma commença tellement profond que, cinq minutes après, le général Bridoux était mort.

VI

Le sergent Duché.

Lorsque, le 2 août 1914, la mobilisation fut décrétée, Jules-Gaston Duché, soldat de 1re classe au 154e d'infanterie, rejoignit son régiment à Lérouville.

Il ne tarda pas à recevoir le baptême du feu et, dans plusieurs engagements, se signala par sa bravoure. Le 18 août, au combat de Vigneulles, il était blessé au pied gauche, mais il refusa d'abandonner son poste et continua à se battre. Le 22 août, à Joppécourt, où il avait été envoyé en reconnaissance, il reçoit sa seconde blessure à la main droite. Il ne prend même pas le temps de se faire panser.

Le 24, au cours d'une charge à la baïonnette, il a la cuisse droite traversée. Malgré ses souffrances, il réussit à se relever, secourt deux de ses camarades blessés et entreprend de les ramener dans nos lignes, mais il faut traverser une forêt dont une grande étendue est occupée par les Allemands. L'opération est audacieuse et difficile, mais Duché ne s'arrête pas à ces considérations. Il panse sommairement sa blessure et, soutenant ses deux compagnons, il se met en route.

Soudain, à quelques pas, apparaît un casque à pointe. C'est une patrouille allemande qui se glisse à travers les taillis. Duché ajuste tranquillement le sous-officier et l'abat. Les quatre autres Allemands lèvent aussitôt les bras et se rendent, ignorant qu'ils ont affaire à des blessés. Duché leur fait déposer les armes, et sous la menace de sa baïonnette, il leur enjoint de marcher devant lui.

Peu de temps après, en franchissant une ligne de chemin de fer, la petite troupe est assaillie par une seconde patrouille. L'un des compagnons de Duché est tué d'une balle en plein cœur. Lui-même a sa capote traversée, mais il ne perd pas son sang-froid, et tenant toujours ses quatre prisonniers en respect, il continue sa route.

Arrivé à une ferme où se trouvent une cinquantaine de blessés français, auxquels un major prodigue ses soins, il laisse son dernier compagnon, qui ne peut aller plus loin, et repart seul avec les quatre Boches.

Il n'a pas fait deux cents mètres que des uhlans apparaissent à la lisière d'un bois. Fort heureusement, ils n'aperçoivent pas le groupe, mais les prisonniers les ont vus, et espérant être délivrés, discutent entre eux sur les moyens de se débarrasser du Français. Duché, qui comprend l'allemand, a entendu. Il met froidement en joue les Boches, et leur tient ce langage : « Le premier qui fait un pas ou qui dit un mot est mort. » Les Allemands s'inclinent.

Le danger passé, Duché reprend son chemin, et sans encombre cette fois, arrive au quartier-général où il est félicité.

Deux jours plus tard, il est nommé caporal et cité à l'ordre de l'armée.

Conduit à l'ambulance, il y reste quatre jours et le 3 septembre il est de nouveau en première ligne. Il se distingue en entraînant sa section à l'assaut et gagne ses galons de sergent.

Le 6, dans l'après-midi, il reçoit sa quatrième blessure, un éclat d'obus à la main gauche. Son capitaine veut l'évacuer à l'arrière, mais Duché refuse d'abandonner ses hommes. Le soir, il prend part à une nouvelle action. Cette fois, une balle le frappe à la tête. L'œil gauche est perdu, l'œil droit enlevé. Le sergent tombe et reste sur le champ de bataille jusqu'au lendemain, ignorant, puisqu'il est aveugle, s'il se trouve dans les lignes françaises ou allemandes.

Enfin, il est relevé par des brancardiers qui le ramènent à l'ambulance, d'où il est évacué sur Nevers d'abord, puis sur Paris.

Duché, qui est marié et père de quatre petits enfants, dont le dernier est né pendant la guerre, a reçu la médaille militaire.

A un de ses camarades qui le félicitait et lui demandait s'il était content, le sergent répondit: « Comment pourrais-je être content, quand les autres se battent, et que moi je suis ici! »

Tout Duché est dans ce mot.

Saluons ce brave!

VII

Comment le premier-maître Robic, des fusiliers marins, gagna la Croix de guerre, la Médaille militaire et la Légion d'honneur.

Les paroles faisant tort aux actes, les bons ouvriers ne sont point bavards. Ainsi en est-il des héros de l'Yser. Leur faire conter leurs prouesses est chose malaisée.

— Ma doué ! bien sûr que ça chauffait dur, se contentent-ils le plus souvent de vous répondre.

Leur campagne ? Voici : ils étaient partis des dépôts maritimes pour soutenir la retraite des Belges à Gand, et couvrir Dunkerque. Ils avaient pour mission de retenir l'ennemi sur l'Yser. Ils étaient six mille. Les Allemands, cinquante mille. Les Allemands ne passèrent jamais.

— Il y en a un, disaient-ils, qui pourra vous narrer des choses : c'est le premier-maître Robic, du 1er régiment, 2e bataillon.

Le premier-maître Robic est revenu de là-bas avec la Croix de guerre double palme, la Légion d'honneur et la Médaille militaire.

Hélas ! le premier-maître Robic est terriblement modeste, lui aussi.

— Pourquoi j'ai été décoré? Bah ! ça s'est trouvé comme ça... Un autre, à ma place aurait fait de même. Le tout, pour donner confiance aux hommes, c'est de leur montrer qu'on n'a pas peur.

— Mais encore?

— Eh bien, voilà : la Croix de guerre et la Médaille, c'est pour les combats et la barricade, devant Dixmude. La Légion d'honneur, c'est à cause de l' « affaire de la ferme».

La « barricade » devant Dixmude et l'affaire de la ferme, d'autres nous les ont contées.

C'était le 15 octobre 1914, dernier jour de la retraite de Gand, vers midi. Le 2e bataillon du 1er régiment de fusiliers se trouvait en arrière-garde des six mille, à cinq kilomètres de Dixmude. Il avait l'ordre de retar-

der, coûte que coûte, la marche d'un corps
d'armée ennemi. La compagnie que commandait Robic tenait la route d'Essen.

— Attention, maître, dit en passant le capitaine, qui parcourait, à cheval, les positions
de son bataillon, je crois que les Boches ne
sont pas loin. Tâchez donc de « parer » à les
recevoir !

Robic et ses deux cent vingt hommes vont
chercher dans les quelques fermes environ-
nantes des charrettes, des madriers, des fas-
cines, tout le bois, tous les matériaux qu'ils
peuvent trouver. Une barricade s'élève en travers de la route et dans les champs de bette-
raves qui l'avoisinent. A six heures du soir,
tout est « paré », comme l'a recommandé le
capitaine. Cent vingt cartouches par homme,
les fusils chargés, les sabres d'abordage hors
du fourreau...

La nuit tombe. On mange la soupe. La soirée s'avance : toujours pas d'Allemands !

— Est-ce que ces coquins-là nous auraient
fait travailler pour le roi de Prusse ?

Dix heures et demie. Une nuit d'encre.
Soudain une sentinelle accourt, se glisse près
du chef :

— Maître, on entend de là-bas des pas de chevaux et un roulement de moteur.

Le fusilier n'a pas achevé qu'une masse sombre, large et haute comme une maison, apparaît. Elle tient toute la largeur de la route.

Une auto blindée! Elle avance lentement, tous feux éteints, les gueules de ses canons-revolvers et de sa mitrailleuse dépassent seules sa carapace d'acier. Derrière elle, dans son ombre, une colonne cycliste et un escadron de cavalerie.

L'auto s'est heurtée au barrage.

— Feu partout, les gars! hurle le premier-maître Robic.

La barricade s'illumine, crépite. Surprise, l'auto-forteresse répond de toutes ses pièces; les cavaliers et les cyclistes mettent pied à terre et exécutent des salves nourries. Mais leurs balles portent trop haut. C'est en vain que l'auto, avec ses phares qu'elle vient de démasquer, essaye de repérer les défenseurs de la barricade.

Le combat dure plus d'une heure. Les cyclistes et les uhlans sont décimés. Quelques 75 belges, bien dirigés, tombent dans leurs rangs et achèvent leur déroute. Lentement, à reculons, car elle n'a pas la place nécessaire pour virer de bord, l'auto blindée gagne un tournant de la route et se met alors à regagner, en quatrième vitesse, le gros des forces allemandes.

Au petit jour, les fusiliers de Robic ramassèrent sur le champ de bataille des monceaux de cadavres ennemis. Eux n'avaient pas eu un blessé !

Hélas ! les combats de plus en plus acharnés qui suivirent, devant Dixmude, devaient creuser de terribles vides dans l'héroïque petite phalange. Les Allemands s'avançaient par colonnes profondes, par escadrons épais : six, dix, vingt contre un, musiques en tête, soutenus par leur grosse artillerie.

Les bataillons de fusiliers marins tenaient toujours en avant de Dixmude.

Souvent sans tranchées, car le terrain, à fleur d'eau, permettait rarement d'en construire, avec, pour tout rempart, des sacs à terre.

Dans la nuit du 21 octobre, un gros d'infanterie allemande se masse sur une hauteur, à quelques centaines de mètres de la position occupée par Robic et ce qui lui reste de ses hommes. Les Allemands se préparent à attaquer. Ils vocifèrent des hourras en l'honneur de leur kaiser.

— Maître, vient dire le capitaine, il faut m'enlever ça à la baïonnette!

— Oui, capitaine, répond simplement le premier-maître.

Soixante-dix mathurins — soixante-dix lions — se précipitent. Le fourreau de son sabre empêche Robic de courir. Il le dégrafe et ramasse un fusil.

Un quart d'heure plus tard, les Boches n'acclamaient plus le kaiser : leurs survivants avaient détalé.

C'est pour ces faits d'armes, et bien d'autres encore, que le premier-maître Robic obtint la Médaille militaire et la Croix de guerre.

Maintenant il y a l' « affaire » de la Légion d'honneur.

C'était le 9 mai 1915. Après un terrible duel d'artillerie, les troupes françaises étaient parvenues à se rendre maîtresses de deux positions importantes, que l'on désignait sous le nom de la ferme W. et de la ferme Union, en avant de Saint-Georges.

C'est encore aux fusiliers marins qu'échoit le périlleux honneur d'occuper les positions conquises et de s'y maintenir. Tâche difficile ! Les Allemands regrettaient fort de les avoir perdues et se montraient résolus à les reprendre. Ils s'acharnent à les couvrir de mitraille. L'arrosage dure trois jours, avec des obus de tous calibres. Le 12, il redouble de violence. Robic et cinquante-sept hommes composent la garnison de la ferme W.

— Nous allons bientôt avoir à travailler ici, les gars ! dit, à sept heures du soir, le commandant du bataillon.

En effet, dans la nuit, l'attaque allemande se déclanche. Une attaque furieuse, en masses profondes. Il pleut du fer et du feu, sans répit. Au matin, les Boches redoublent. A midi, la moitié des défenseurs de la ferme sont déjà hors de combat : tous les officiers et sous-officiers, sauf Robic et le capitaine, sont tués ou blessés. Le capitaine tombe, la cuisse labourée par un éclat d'obus.

— Robic, crie-t-il, il faut tenir !

— Oui, mon capitaine, répond le premier-maître, on fera de son mieux.

Les assauts redoublent. Une balle atteint le premier-maître à la tête, mais il n'est pas grièvement blessé, et malgré le sang qui l'aveugle, entouré de sa poignée de fusiliers, dont les rangs s'éclaircissent de plus en plus, il tient !...

— Rendez-vous ! leur crient les Boches entre deux rafales.

— Feu partout ! riposte Robic.

Un revolver d'une main, il tient, de l'autre, le sac d'un troupier, et s'en sert comme d'un bouclier, pour se garantir des grenades.

Ils tirent ainsi, à cinq, tous blessés, jusqu'à six heures trente du soir. Leurs compagnons, frappés pour la plupart, alors qu'ils se tenaient contre le parapet de la tranchée, avaient, en tombant, lâché leur fusils, qui étaient restés debout ; et les fusées ennemies faisaient luire cette file de baïonnettes, qui semblaient encore menaçantes.

Les Allemands crurent-ils la position encore pourvue d'un grand nombre de défenseurs ? Quoi qu'il en soit, fort épuisés eux-mêmes, ils hésitèrent à attaquer de nouveau.

Quelques instants plus tard, les cinq res-
capés s'égaillaient, se traînaient, à la faveur
de l'obscurité, jusqu'aux lignes françaises, et
les 75 entraient en danse pour compléter leur
œuvre.

Et voilà comment, après la Médaille militaire et la Croix de guerre, le premier-maître Robic du 1er régiment, 2e bataillon des
fusiliers marins, gagna « sa » Légion d'honneur.

VIII

Le brave clairon.

Voici un nom à retenir. C'est le nom d'un
brave entre les braves, que celui du clairon
réserviste Mallier, du 30° bataillon de chasseurs.

Il a été mieux que porté à l'ordre du jour :
ce fut un communiqué qui nous révéla l'acte
héroïque, par lequel Mallier prenait place
dans la phalange immortelle des héros de la
dernière guerre.

Atteint dès le début de l'action, dans la
nuit du 24 décembre 1914, d'une grave blessure, il était tombé entre l'ennemi et nos réseaux de fil de fer, à quelques mètres de nos
tranchées. Les nôtres n'osaient tirer, car en le
faisant, ils devaient fatalement l'atteindre.
Mallier voyait, comprenait leur hésitation ;
elle pouvait compromettre le succès de l'action. Mais, comme il avait fait le sacrifice de

sa vie, que lui importait la balle qui l'achè-
verait si ses frères, ses compagnons d'armes
étaient victorieux ? Devaient-ils, pour lui,
compromettre les fruits de leur courage ?
« Qu'est-ce que ça peut bien vous faire ! leur
crie-t-il. Tirez, mais tirez donc... » Ils tirent.
Une balle l'atteint. « Ils reviennent... ils reviennent... Ils sont près de moi... Allez-y !
Tirez ! » Quand la rafale d'acier a passé, qui
l'a touché mortellement, il ne pousse qu'un
cri : « Vive la France ! »

> Sa dernière tâche est faite,
> Il achève de mourir...

Est-il, dans toute notre épopée, dit M. Geor-
ges Montorgueil, à qui nous empruntons ce
récit, est-il dans aucune épopée, un trait qui
passe en grandeur le sublime de. ce sacrifice?
Tirez ! Mais tirez donc !... N'est-ce pas encore plus beau qu' « A moi, Auvergne ! » Ce
brave commandant le feu dont il mourra, afin
de ne pas arrêter l'élan des camarades, pour
qui son corps blessé est un obstacle, n'est-il
pas de la lignée des héros les plus grands ?

A quoi le comparer, cet incomparable dé-

vouement? Il faut penser à cet autre chasseur,
le héros de Sidi-Brahim. Les troupes de
l'émir, par trahison, avaient surpris nos troupes et, supérieures en nombre, les avaient dé-
faites. Une poignée d'hommes s'étaient enfer-
més dans le marabout. Parmi les prisonniers
qu'avaient faits les Arabes, se trouvait le capitaine Dutertre. L'émir l'envoya vers les as-
siégés, en lui ordonnant — sa tête répondait
du succès de la mission — de leur dire de ne
pas prolonger une lutte inutile. Dutertre
s'avança au-devant des murs crénelés, où les
Français étaient aux aguets et aux écoutes :
« Chasseurs, cria-t-il, on va me décapiter si
vous ne vous rendez pas. Vous ne vous ren-
drez pas ! Car moi, je vous ordonne de vous
défendre plutôt que de capituler et de mourir
jusqu'au dernier ! »

Sa mission était achevée. L'émir était de
sang trop noble pour ne pas admirer cette
fière attitude, mais il devait à ses soldats de
tenir sa parole. Il fit un geste. Le capitaine
Dutertre fut saisi, et sous les yeux des assié-
gés du marabout, sa tête tranchée roula sur
le sol. Le soir même, il était vengé.

A sa mémoire, l'armée et la patrie sont demeurées fidèles. Sa fin sera racontée de génération en génération pour la beauté féconde de l'exemple. Tous, sans doute, sont morts, aujourd'hui, qui, en ce jour de septembre de l'année 1845, étaient les compagnons du capitaine Dutertre, et leurs cendres sont dispersées, anonymes. Lui seul survit dans l'éternelle lumière d'un souvenir impérissable.

Le clairon Mallier eût spéculé sur la sensibilité de ses compagnons, qui ne font point la guerre à l'allemande, qu'il vivrait peut-être encore. Pourquoi ? Pour végéter, obscur et ignoré, avec le regret de n'avoir pas accompli tout son devoir dans la rare minute où l'héroïsme lui proposait l'immortalité. Sa délibération fut rapide, qui n'escompta d'autre gloire que celle de son drapeau. Et son sacrifice lui fut léger.

Sur la stèle des noms à jamais gravés, nos fils épèleront son nom,

IX

L'héroïsme des pontonniers
pendant la bataille de Soissons.

C'était vraiment un cas curieux que celui
de cet héroïque sapeur qui fut soigné dans un
hôpital de campagne.

Il était pontonnier. Une automobile l'avait
amené dans la nuit du 14 au 15 janvier 1915.
On l'avait repêché à demi noyé sur la berge
de l'Aisne. Quand on le repêcha, il était éva-
noui. Il ne revint de son évanouissement que
pour tomber dans un sommeil profond, in-
vincible, léthargique. Dans l'automobile, il
dormait. Quand on le descendit pour le transporter sur le lit de camp, il dormait encore.
Pendant cinq jours et cinq nuits, il dormit,
les traits tirés, le teint blafard, les joues
creuses, les paupières bleuies, le nez pincé,
comme écrasé entre deux doigts invisibles,
les lèvres blanches et serrées. Il dormit sans

un mouvement, sans un ressaut nerveux, allongé sous sa couverture que renflait à peine son pauvre corps amaigri. Il dormit presque sans respirer, et le souffle qui s'échappait de ses lèvres était si léger, si menu, que, seul, un miroir approché en décelait l'existence.

Deux fois par jour, avec des précautions infinies, le docteur et une infirmière ouvraient sa bouche, desserraient ses dents, introduisaient une sonde et lui faisaient absorber ainsi quelques cuillerées de bouillon. Pendant cette opération, c'est à peine s'il faisait un mouvement, s'il émettait une plainte vague. Puis, la sonde enlevée, il reprenait son immobilité de mort vivant.

Il n'avait aucune blessure, aucune maladie : *il est épuisé*, avait déclaré le docteur. C'était un des rares survivants des héros obscurs qui, pendant quatre jours et quatre nuits, luttèrent contre la crue de l'Aisne. Dix fois, vingt fois durant ce laps de temps ils furent sur le point de triompher de cet ennemi terrible et de jeter sur la rivière en furie des passerelles qui auraient assuré notre victoire. Car notre victoire était acquise sur les Allemands. Chaque fois, le pont formé se disloquait ; une barque, puis deux, partaient à la dérive, entraînant à la mort des douzaines de héros. N'importe ! Les survivants recommençaient. Et quand la mort avait de nouveau éclairci leurs rangs, ils recommençaient encore.

Pendant quatre jours et quatre nuits, ils peinèrent ainsi, trempant dans l'eau, prenant à peine le temps d'absorber un quart de vin, un peu d'alcool, quelques bouchées de pain, — *et ne dormant jamais*. Enfin, la crue eut raison d'eux. Elle ne leur laissa plus assez de bateaux pour renouveler leurs tentatives, plus assez d'hommes non plus, car, dans la soirée du 14, ils tombèrent tous de faiblesse et d'épuisement.

Quant au jeune sapeur — il n'avait que vingt-trois ans — après avoir dormi plusieurs jours, le docteur avait répondu qu'il le sauverait : il l'a sauvé.

X

Le pliant du général.

C'est dans le nord de la France que s'est passée cette histoire et le héros en fut un vieux général français, de grande taille et d'un poids respectable.

La marche lui déplaisait et il voulait être au feu cependant à côté de ses soldats. Comme il ne pouvait aller jusqu'aux tranchées à cheval, ni rester debout des heures, le général avait trouvé un moyen très simple pour accompagner néanmoins ses hommes : il faisait transporter un pliant robuste partout où il allait. Il choisissait l'endroit où les obus tombaient le plus souvent et où les balles pleuvaient le plus fort. Il s'installait et il ne bougeait plus jusqu'à la fin du combat. Avec ce système, son état-major avait été déjà durement éprouvé. Le vieux général semblait posséder quelque égide invisible, et les meilleurs « tireurs d'officiers » s'épuisaient en vain, depuis le début de la campagne, contre cette cible de choix.

Sa bravoure insouciante était un merveilleux exemple pour ses hommes.

Un jour, le général arrive, comme de coutume, au point le plus exposé. Les tranchées étaient presque intenables. Il s'asseoit à côté d'elles. Le feu ennemi redouble alors de violence. C'est un ouragan de mort qui s'abat sur nos lignes. Un flottement se produit. Alors, tout en allumant un cigare, le général s'écrie :

— Eh bien ! quoi, mes enfants ? Allez-vous me quitter ? Je suis confortablement installé ici. La température est agréable. Je déteste marcher, et mon cheval n'est pas là. Si vous partez, il faudra donc que je reste seul !

Un hourra s'éleva de nos tranchées, et l'on combattit avec un tel mépris de la mort que les Allemands eurent à enregistrer, une fois encore, au rapport quotidien : « Nous avons perdu beaucoup d'hommes et nous n'avons pas gagné un mètre de terrain. »

XI

Le carnet sublime.

Voici le récit de la mort héroïque d'un officier français, dû à M. Paul Gsell :

Au cours de cette guerre, les souvenirs épiques s'amoncellent au musée de l'Armée : casques défoncés, cuirasses trouées, drapeaux déchiquetés par la mitraille.

Mais pour la postérité, une seule petite relique évoquera peut-être mieux que toutes les autres la sublime abnégation des héros.

C'est une pauvre chose très humble, un livret de blanchissage, un carnet de deux sous recouvert de carton noir. A la première page, une table de multiplication. Le papier porte un vulgaire quadrillage bleu.

Mais sur ces modestes feuillets, voici du sang. Il a déjà jauni ; il a pâli comme les plus belles roses rouges s'éteignent dans les herbiers.

C'est le sang du lieutenant René-Marie-Auguste Luquiaud, né à Sommières-du-Clain, dans la Vienne, mort pour la patrie à l'âge de vingt-quatre ans, à Angres, dans la Somme, le 26 mai 1915.

Au milieu de la rosée qui pleurait de sa blessure, il a écrit en expirant une vingtaine de mots sur plusieurs pages. Et cela suffit pour que le carnet de blanchissage soit tout à coup devenu infiniment plus rare et plus précieux que le plus splendide diamant du monde.

Le lieutenant Luquiaud appartenait au 3ᵉ bataillon du 68ᵉ d'infanterie.

Cette troupe, entraînée par un intrépide commandant, se maintenait depuis deux jours dans un ouvrage allemand qu'elle avait enlevé à la pointe de la baïonnette. Pour donner une idée de la vaillance qui animait les combattants, disons que sur huit cents hommes, pendant ces deux journées, cent vingt furent tués, trois cent cinquante furent blessés. Sur quinze officiers, six périrent, cinq autres furent mis hors de combat par leurs blessures. Parmi les quatre qui restèrent à l'effectif, deux seulement sortirent indemnes de la lutte.

Au soir du 26 mai, un éclat d'obus tranche horriblement le visage du lieutenant Luquiaud. Tout le bas de la figure est coupé : la bouche, les deux mâchoires, le nez. Il ne reste que le front et les yeux au-dessus d'un trou de pourpre. D'un être rayonnant de jeunesse et de fierté, subitement, l'affreuse entaille a fait un spectre terrifiant.

Le lieutenant Luquiaud tombe. Son ordonnance, le soldat Poupard, lui noue à la hâte un bandage, le prend dans ses bras, et, fraternellement, pieusement, l'emporte en arrière.

Voilà le mourant dans une tranchée française en attendant que les infirmiers l'enlèvent. Mais il ne durera pas jusque-là.

Il ne peut parler. Il regarde ceux qui l'entourent, et ces braves gens, le cœur déchiré, tiennent leurs yeux obstinément attachés sur son visage de cauchemar.

Le lieutenant s'agite, sa gorge siffle. Le sergent René Mérigaud devine qu'il voudrait écrire. Il lui tend un crayon et un carnet, ce carnet dont nous avons parlé plus haut.

C'est celui sur lequel le sergent a inscrit les noms de ses hommes. En face de chaque nom est l'adresse de la personne qu'il faudra prévenir si le soldat meurt.

Dans ce livret, il y a des pages blanches. Le lieutenant Luquiaud va pouvoir y crayonner son testament.

Les quelques soldats qui sont là attendent religieusement ce que va leur faire savoir ce muet.

Il écrit d'abord ces mots magnifiques :

Merci à tous ceux qui ont combattu avec moi.

Et, tout de suite, sa pensée se porte vers ceux qui pleureront là-bas.

Vous direz à mes parents que j'ai toujours fait mon devoir.

Il veut tourner un feuillet, mais ses doigts poissés par le sang en ramènent deux à la fois. Il continue à écrire :

Prévenir ma famille, Luquiaud, Bellevue, par Sommières.

Les lettres de ces mots sont mal formées. La main est défaillante.

Soudain, l'agonisant se reconquiert et, dans un miraculeux sursaut d'énergie, il trace fermement cette phrase splendide :

Je meurs heureux.

Le blessé était réduit au silence. Mais son écriture est si sûre, si hardie que maintenant encore, en la regardant, on croit entendre une voix haute et claire.

Aussitôt après, l'agonie reprend. Le lieutenant ne voit plus. Il ne sait plus guider son crayon.

Il écrit quelques mots qui, pour nous, seraient complètement indéchiffrables, parce qu'ils se chevauchent, se surchargent les uns les autres. Mais, à mesure que chacun de ces mots était formé, les soldats présents l'épelaient et ils ont lu :

Il faut pas m'emporter.

Sur un autre feuillet, voici la suite :

Parce que les Boches vont prendre la tranchée.

Ainsi le sentiment du devoir persiste indéfectiblement dans cette conscience.

Mais il y a mieux encore. Le jeune officier veut témoigner son amitié au soldat qui lui était le plus dévoué, à son ordonnance :

500 francs mon argent pour Poupard.

Et enfin il se souvient des malheureux de son village poitevin. Son ultime phrase est la pensée d'un saint :

500 francs pour les pauvres de chez moi.

Il n'est personne qui en feuilletant ce carnet, dit M. Paul Gsell, ait gardé les yeux secs.

Nos professeurs naguère nous signalaient les exemples de grandeur d'âme que nous a légués l'antiquité. Elle ne nous offre rien de comparable aux quelques mots qu'en 1915 un jeune Français mourant a jetés sur ce simple carnet.

XII

Dernière volonté.

On ramena un jour, sur un brancard, un petit chasseur qui se mourait.

Le capitaine de sa compagnie, le voyant passer sur le brancard, l'arrête et lui adresse quelques paroles d'encouragement.

Le blessé secoue la tête.

— Allez, mon capitaine, je sais bien que je suis fichu, mais je ne me plains pas. Il y en a eu d'autres avant moi, il y en aura encore après.

Il hésite un instant :

— Mon capitaine, ajoute-t-il timidement, voulez-vous m'embrasser ?

Le capitaine, les larmes aux yeux, l'embrassa ; le petit chasseur mourut.

XIII

Le sergent Muzet.

Le sergent Charles Muzet, d'un régiment d'infanterie, était dans les tranchées de première ligne, près de Bixschotte, le 22 avril 1915, lorsque les vapeurs asphyxiantes, préparées par les Allemands et poussées par un vent propice, commencèrent à produire leurs funestes effets.

Le sergent Muzet devina la ruse infâme et comprit le terrible danger.

Mais que faire ?

Le nuage asphyxiant s'avançait sur une assez longue distance, limitée toutefois à quelques centaines de mètres, à gauche des positions françaises. Puisqu'il ne pouvait songer à traverser dans toute leur profondeur les redoutables vapeurs et prévenir du danger nos troupes de seconde ligne, peut-être du moins, réussirait-il à franchir la courte distance qui le séparait, dans le sens de la largeur, des positions belges, où, là encore, selon toute vraisemblance, les gaz asphyxiants n'avaient pas exercé leurs ravages !

Ces réflexions durèrent quelques secondes à peine. D'ailleurs, il fallait agir sans le moindre retard car l'asphyxie l'envahissait rapidement. Le sergent Muzet enleva sa ceinture de laine, s'en fit une sorte de passe-montagne découvrant à peine les yeux et, retenant sa respiration, il prit sa course.

« Vingt fois, a raconté Muzet, je crus que j'allais tomber au bord du parapet. Mes jambes refusaient de me porter. Un bourdonnement confus m'enlevait toute notion du temps et de la distance. Un moment, je fus pris par le découragement, et je m'arrêtai, recommandant mon âme à Dieu. Mais dans la tranchée que je côtoyais, j'aperçus mes pauvres camarades inertes. Ce spectacle affreux ranima mon énergie. Je me relevai péniblement et repris mon élan. Combien mis-je de temps pour parcourir les quatre cents mètres qui me restaient à franchir ? Je l'ignore. Tout ce que je sais, c'est qu'en apercevant les soldats belges qui, avec une curiosité anxieuse, suivaient les évolutions du nuage, je pus à peine leur faire un signe, dans lequel j'essayai de dépeindre toute mon angoisse, et je m'évanouis. »

Lorsque, quelques minutes plus tard, le sergent Muzet revint à lui, il était l'objet de soins empressés de la part des carabiniers qui l'avaient recueilli. Son premier soin fut de demander l'officier du détachement. C'était un commandant. Muzet le mit au courant de l'infâme procédé employé par les Boches et lui raconta sa fuite.

L'officier, après avoir félicité le sergent pour son courage, se mit aussitôt en rapport avec le commandement belge, qui lui-même informa l'état-major français. Des renforts furent envoyés. En même temps, on prit les dispositions nécessaires pour remédier, dans la mesure du possible, aux effets des gaz asphyxiants : précaution fort utile, puisque, quelques heures plus tard, les Allemands renouvelaient contre les Belges et les Anglais l'emploi des vapeurs.

Bien que très insuffisamment remis, le sergent Muzet refusa de se laisser évacuer et demanda instamment à reprendre son poste

de combat. Il rejoignit le soir même ses camarades, combattit avec eux toute la journée
du lendemain et fut, le 24 au matin, grièvement blessé : il eut l'épaule traversée par une
balle ; on le transporta à l'ambulance où il
reçut, quelque temps après, des mains du général commandant la division, la médaille militaire, juste récompense de sa bravoure et de
son énergie.

XIV

Héroïsme de deux sapeurs en Artois.

En Artois, dans la région du Labyrinthe,
un fourneau de mine allemand faisait explo-
sion entre les deux lignes, obstruant une sape
souterraine que nous étions parvenus à con-
duire depuis nos tranchées jusqu'au delà de
la tranchée allemande.

A ce moment, deux sapeurs mineurs bre-
tons, Mauduit et Cadoret, travaillaient en tête
de la galerie, à vingt-huit mètres de l'entrée.

Après une forte commotion, ils purent
constater, leur bougie brûlant encore, que
l'extrémité de la galerie dans laquelle ils se
trouvaient emmurés leur laissait deux mètres
cinquante de longueur pour se mouvoir.

Ils entreprirent immédiatement de revenir
à la surface en déblayant la partie comblée
de la sape. Arrêtés bientôt, ils se rendirent
compte qu'ils pourraient se dégager plus fa-

cilement en s'élevant obliquement dans le sol,
du côté de la ligne française.

L'air respirable fut bientôt tellement ra-
réfié que leur bougie s'éteignit et que les allu-
mettes ne brûlaient plus. Dans l'obscurité
complète, ils entreprennent donc de percer
une cheminée oblique vers la surface du sol
en s'élevant peu à peu et en se faisant dans
la cheminée la courte échelle, le travailleur
monte à pieds joints sur le dos de son camarade à genoux.

Après de longues heures de travail, ils par-
viennent enfin à la surface du sol. Ils obser-
vent en silence.

Un créneau est à la portée de leurs bras :
c'est celui d'une tranchée ennemie.

Leur parti est immédiatement pris. Ils ren-
trent sous terre et commencent une nouvelle
sape horizontale dans la direction opposée où
ils supposent que se trouve la ligne française.

C'est à la deuxième nuit seulement que leur
cheminement souterrain débouche dans le
large entonnoir que la mine allemande a creusé
entre les deux lignes.

Mais la nuit est très claire, la lune s'est
levée. S'ils se hasardent dans cette clarté

à traverser l'entonnoir, ils ont toute chance
d'être tués par amis ou ennemis. Ils décident
donc d'attendre l'obscurité de la nuit suivante.

Voici plus de deux jours qu'ils n'ont rien
eu à manger ou à boire.

A la troisième nuit enfin, le 1er novembre,
à 23 heures, en rampant sur les lèvres de l'entonnoir, Mauduit arrive près du guetteur français, et bientôt, ils se trouvent dans nos
lignes, où tous deux sont embrassés par nos
grenadiers et restaurés avec le meilleur de
leurs provisions.

En réponse aux félicitations dont ils sont
l'objet, ils déclarent simplement : « La pro-
chaine fois que cela nous arrivera, nous sau-
rons mieux nous y prendre pour revenir plus
vite. »

Les sapeurs Mauduit et Cadoret ont reçu
la médaille militaire.

XV

Un héros de dix-huit ans. — Le plus jeune chevalier de la Légion d'honneur.

Le plus jeune chevalier de la Légion d'honneur fait pendant la guerre fut l'aspirant Fernand Fille, un enfant de la Belle-de-Mai, le populeux faubourg de Marseille, qui est à la Cannebière ce que Belleville est aux grands boulevards de Paris.

Fernand Fille est né à Marseille le 12 février 1898. Il avait donc tout juste seize ans et demi lorsque la guerre éclata. Son esprit aventureux avait rêvé des larges horizons. Elève du collège des Maristes de la Seyne (Var), le jeune homme se destinait à la carrière coloniale.

C'était l'heure sombre où les réfugiés de la Belgique et de nos malheureux départements du Nord refluaient vers Paris et le centre de la France, emplissant nos villes de leur lamentable infortune.

La vaillante armée belge, si durement éprouvée par son héroïque résistance, se reformait sur de nouvelles positions. L'appel du gouvernement à tous ses nationaux valides habitant la France, suggéra au jeune collégien marseillais l'idée de s'engager sous le drapeau du roi Albert. Il lui fut facile, d'ailleurs, de s'attribuer une fausse identité.

Il s'enrôla dans l'infanterie de notre chère alliée sous les noms de Peter Vandaële, originaire de Louvain, demeurant en dernier lieu à Lille, âgé de... dix-huit ans. Fille venait de donner un fort coup de pouce à l'horloge nationale, en se vieillissant d'une année.

Le jeune homme avait quitté sa mère le matin, prétextant une promenade en automobile afin d'expliquer son absence ; le soir, la pauvre femme reçut une lettre commençant par ces mots : « Maman chérie, je te demande pardon... » Et l'enfant ajoutait : « Laisse-moi suivre mon destin. »

Son destin le conduisit dans la campagne flamande labourée par les obus. Enseveli dans le trou d'une énorme marmite, le jeune volontaire fut ramené dans un triste état à l'hôpital du camp d'Avor où sa supercherie fut découverte. Quand sa guérison fut achevée, l'autorité militaire renvoya Fernand Fille à Marseille.

Il n'avait que dix-sept ans lorsque, peu de temps après son retour, il réussit à contracter un engagement dans un régiment d'infanterie. A partir de ce moment, son histoire est toute simple et tient en quelques lignes émouvantes. Bon soldat, Fernand Fille se fait remarquer par son esprit discipliné ; il est en toutes choses un exemple pour les autres. Il venait de passer son concours d'aspirant lorsqu'il fut envoyé au front le 26 juillet 1915. Six jours plus tard, le pauvre enfant tombait au Lingekopf, criblé de mitraille.

Sa mère, profondément émue en évoquant ce douloureux souvenir, disait :

— Il venait de sortir le premier de la tranchée, entraînant ses camarades à l'assaut, lorsqu'il fut atteint par les éclats d'un obus fusant. On le releva dans un état affreux, ne donnant plus aucun signe de vie. Songez ! Il avait reçu dans son pauvre corps soixante-dix-sept débris du terrible engin. On le crut mort. La science des médecins et le dévouement des infirmières de l'hôpital d'Epinal firent un miracle.

L'enfant héroïque fut sauvé, mais au prix
de quelles mutilations ! Quand sa mère put
enfin le voir à l'hôpital auxiliaire des arts et
métiers d'Aix-en-Provence, où, déjà en voie
de guérison, il avait été conduit, Fernand Fille
avait subi l'amputation du bras gauche et
l'ablation de l'œil droit. Quel spectacle pour
les yeux d'une mère ! Mais quelle fête à
l'hôpital, autour du lit glorieux, le jour où il
reçut la médaille militaire et la croix de
guerre avec palme. Sa nomination au grade
d'aspirant lui était venue aussi pour sa belle
conduite devant l'ennemi. Une plus haute
récompense couronna la courte carrière de
ce poilu imberbe : Fernand Fille a été fait
chevalier de la Légion d'honneur pour servi-
ces exceptionnels de guerre, à l'âge de dix-
huit ans, avec une citation dont s'enorgueil-
liraient les plus rudes briscards :

« Engagé volontaire pour la durée de la
guerre, Fille Fernand-Auguste a toujours
donné le plus bel exemple de courage et de
dévouement. »

La ville de Marseille peut être fière de cet
enfant.

XVI

Un moderne d'Assas.

A la rentrée des classes d'octobre 1915, le ministre de l'Instruction publique d'alors recommandait aux professeurs et aux instituteurs d'attirer l'attention de leurs élèves sur les actes d'héroïsme accomplis par nos soldats. Les maîtres de nos écoles n'auront eu que l'embarras du choix en feuilletant le livre d'or de nos armées pour trouver des prouesses éclatantes, de brillants faits d'armes, des actes de bravoure, des traits héroïques accomplis journellement par nos vaillants troupiers.

Ecoutez plutôt cet exploit renouvelé du chevalier d'Assas et dont le héros fut un modeste sergent de l'un de nos régiments de ligne :

Le sergent d'infanterie Jacobini se trouvait aux avant-postes, pendant la nuit, avec quinze de ses hommes, lorsqu'il aperçut des ombres qui venaient vers lui. Il s'avança seul pour ne pas exposer sa petite escouade et se trouva soudain entouré et désarmé par des Allemands.

Un officier le menaça de mort s'il ouvrait la bouche, mais Jacobini, sans hésiter, cria : « Feu, mes enfants, voici les Allemands ! ». En même temps il se jeta sur le sol. Une salve des avant-postes français tua l'officier allemand et la plupart de ses hommes.

Plus heureux que le chevalier d'Assas, le brave sergent Jacobini sortit sain et sauf de cette échauffourée et rejoignit sa petite troupe qui l'accueillit avec la joie que l'on devine.

XVII

La présence d'esprit de l'Alsacien.

Le jour même de la mobilisation, notre Alsacien — protestataire — mais qui avait
cédé à la force jusqu'alors, abandonna sa
femme et vint s'engager dans les troupes françaises.

Depuis, il se conduisit en brave, sachant
très bien, au début des hostilités, *qu'il pouvait
être pris pour un suspect.* Il essaya de faire
oublier son origine, se conduisant avec une
audace et un courage tels qu'il fut décoré
de la Légion d'honneur sur le champ de bataille.

C'était déjà très bien ; mais il y a mieux :

Un jour, il s'approcha suffisamment des
tranchées boches pour être arrêté par la sentinelle. Il repondit en allemand. Sur le ton
du commandement, il fit avancer à l'ordre le
factionnaire et lui dit : « Silence ! je suis un

uhlan déguisé en français. Réponds? Où sont les troupes ? Combien y a-t-il d'officiers ? Nomme-les-moi. Quel régiment ? Je viens de loin. Je suis agent de liaison et en danger. Il faut me cacher deux ou trois heures. Introduis-moi auprès de mes camarades. »

Tout cela fut accompli avec rapidité et une sûreté d'exécution extraordinaires. La sentinelle mena l'homme dans la tranchée. On parla de la vieille Allemagne, et les officiers conduisirent le pseudo-uhlan dans une maison voisine qui servait de cabaret près du village de Sainte-Marguerite. On but encore. On but même beaucoup. L'Alsacien seul se modéra. L'heure avançant, il sortit le premier.

Il tenait à la main son épée hors du fourreau.

Quand les autres, un par un, sortirent de la maison, il leur trancha la gorge. Des cris le trahirent. Il eut le calme courage d'enlever la clef à l'intérieur du cabaret et le referma cependant que les survivants à moitié ivres et affolés se ruaient vers la porte.

L'Alsacien contourna la maison, brisa un des carreaux de la fenêtre et abattit à coups de revolver les hommes qui étaient restés à l'intérieur. Il avait ainsi supprimé huit officiers allemands.

Il revint vers nos lignes, raconta simplement ce qu'il avait fait et, le soir même, la tranchée ennemie était prise.

XVIII

L'absolution.

A Thuin, le 49ᵉ régiment d'infanterie dé-
fendait le passage de la Sambre.

Dès l'aube, les premières balles sifflèrent
au-dessus des têtes : fusils et mitrailleuses
arrosaient copieusement les positions françaises.

Une section, tapie dans sa tranchée, attendait avec impatience le moment d'entrer en
action.

Tout à coup un des hommes, un caporal
réserviste, vicaire au pays basque, se hisse
hors de la tranchée.

— Tu es fou ! tu vas te faire *descendre !* lui
crie-t-on.

D'un geste, il commande le silence.

— Plusieurs de nous vont peut-être rester
ici, dit-il. Je voudrais vous donner l'absolution.

Reculant un peu, il s'agenouille, face à l'ennemi, dépassant de tout son torse le parapet de la tranchée.

Toutes les têtes se découvrent.

D'une voix qui tremble un peu, il commence le *Confiteor*. Très proche de son oreille, un sifflement le fait tressaillir. Il omet une phrase ; mais, domptant ses nerfs, il se reprend aussitôt. Et c'est d'une voix claire et forte qu'il achève.

Puis, l'absolution donnée, il ajoute :

— Vous allez dire avec moi trois *Pater*.

Calme, les mains jointes, la poitrine offerte aux balles plus nombreuses qui cinglent l'air autour de lui, *il dit la prière lentement, afin que ceux qui l'avaient oubliée puissent la répéter après lui.*

Quand il eut terminé, il fit un large signe de bénédiction. Puis, lestement, cette fois, il saute dans la tranchée, le cœur joyeux, le corps indemne.

Et tandis qu'il rit, les soldats pleurent...

XIX

Un des héros de la division de fer.

Le capitaine Elmendorf, du 37ᵉ régiment
d'infanterie de la fameuse division de fer,
parti au début de la guerre comme simple
soldat à l'âge de vingt-cinq ans, a conquis
tous ses grades sur les champs de bataille.
De plus, il est chevalier de la Légion d'honneur et sa Croix de guerre est ornée de nombreuses palmes et étoiles.

Né à Paris, ce vaillant soldat a été blessé
glorieusement huit fois, ainsi qu'en témoi-
gnaient les huit brisques de son bras droit.
Il reçoit sa première blessure à Foncquevil-
lers et, le 22 octobre 1914, après une reconnaissance heureuse sur la ferme de Brayelle,
il est cité à l'ordre du régiment. C'est à lui
que revient le grand honneur d'avoir obtenu
la première citation.

Elmendorf est blessé pour la deuxième

fois le 14 novembre, à l'attaque du bois de Bixchoote. Après les galons de caporal et de sergent, il reçoit celui d'adjudant. Le nouveau promu qui se faisait une spécialité des reconnaissances périlleuses, réussit celle de la maison des Forges et se voit, pour ce valeureux fait d'armes, nommé sous-lieutenant.

A Longemark, au cours d'une attaque de nuit, l'intrépide officier est blessé à la tête de sa section, le 28 novembre. Il se fait faire sur place un pansement sommaire et garde le commandement.

A Ypres, il est blessé pour la quatrième fois, le 18 décembre, puis il contracte la fièvre typhoïde et on l'évacue sur Dunkerque, d'où, lorsqu'il est guéri, il retourne à son dépôt. Mais bientôt il demande à repartir. Il rejoint son régiment à Neuville-Saint-Vaast où son bataillon, qui s'illustre par la prise du cimetière, est cité à l'ordre de la division.

Le 17 juin 1915, en conduisant ses troupes à l'assaut du moulin de Neuville, l'héroïque officier est blessé pour la cinquième fois.

Le 25 septembre 1915, à la fameuse attaque de Champagne, il reçoit sa sixième blessure, mais il conserve le commandement de sa compagnie et réussit à assurer une liaison très difficile et très périlleuse.

Il tue successivement quatre Allemands qui servaient une mitrailleuse dont il s'empare. Ce glorieux fait d'armes lui vaut la Légion d'honneur et une citation à l'ordre de l'armée.

Il reçoit son second galon de lieutenant le 11 octobre 1915. Pour la septième fois, il est blessé, en février 1916, dans Champenoux (Lorraine), prend part aux combats de Verdun et particulièrement à ceux de la cote 304. Le 30 mars 1916, le vaillant officier passe capitaine. Il repart dans la Somme où, pour la huitième fois, il est blessé à l'attaque de Curlu.

Là, ce chef héroïque s'est illustré par un magnifique fait d'armes qui ajoute une citation nouvelle à celles nombreuses qu'il possède déjà : c'est la compagnie du capitaine Elmendorf, le brave enfant de Paris, qui est entrée la première dans le village de Curlu :

« Le capitaine Elmendorf, dit la citation, s'est maintenu dans le village malgré une défense acharnée des Allemands. Au retour

*d'une reconnaissance avec deux de ses lieute-
nants, il ramenait trente Allemands prisonniers dont deux officiers.* »

Ajoutons que le capitaine Elmendorf a eu
trois frères au front : l'un d'eux a suivi d'ailleurs son magnifique exemple. Parti soldat
comme lui, il devint lieutenant au 167ᵉ de
ligne et fut fait également chevalier de la
Légion d'honneur.

XX

La mission sacrée.

Le *Journal officiel* nous a appris, au cours de la guerre, les noms des braves auxquels leur conduite devant l'ennemi a valu une citation à l'ordre du jour de l'armée.

Mais combien de glorieux faits d'armes seront à jamais ignorés, combien de héros obscurs resteront toujours inconnus!

Je voudrais raconter ici comment, durant un des combats acharnés qui se sont déroulés dans le Nord, un brave petit soldat de France est mort au champ d'honneur pour avoir voulu accomplir jusqu'au bout une périlleuse mission.

René Granger était originaire de la Vendée. Employé dans une importante maison de commerce de Nantes, il s'engagea dès les premiers jours qui suivirent la mobilisation. Il avait à peine dix-huit ans.

Après une rapide période d'instruction, il fut affecté à un régiment qui, depuis le début de la guerre n'avait cessé d'être à la peine et à l'honneur. René Granger se battit vaillamment en Lorraine. Son ardeur et son courage lui avaient valu l'estime et la considération de ses chefs. Depuis près d'un mois, le jeune Vendéen était caporal. Il eût rapidement gagné d'autres galons si la mort ne l'avait impitoyablement fauché.

Le régiment auquel appartenait René Granger supportait fréquemment les assauts les plus violents de l'ennemi.

Après quelques jours d'accalmie, le commandement avait été averti que les Allemands se préparaient à une nouvelle offensive. Les dispositions nécessaires furent aussitôt prises pour tenir tête aux assaillants et l'on donna des instructions précises aux chefs de corps.

Le régiment de Granger se trouvant éparpillé dans les tranchées, le colonel demanda quelqu'un parmi les hommes qui l'entouraient pour transmettre les ordres de l'état-major aux diverses compagnies. Il ne cacha pas que la mission comportait un réel danger. Le caporal Granger s'offrit. Il écouta attentivement les recommandations du colonel, et dit simplement : « C'est bien ! J'irai ».

Le voilà parti. Il rit. Il est content et fier d'un pareil honneur. Il ne songe pas à la mort. Déjà quelques shrapnells éclatent au loin, puis se rapprochent, mais il en a vu bien d'autres, et il s'en va, insouciant.

Il est arrivé sans encombre aux premières tranchées ; il transmet la consigne et repart. Il s'agit maintenant de gagner un bouquet d'arbres qu'il aperçoit à trois cents mètres. La distance n'est pas longue, mais il faut la parcourir sous une pluie de balles et d'obus.

Le caporal n'hésite pas. Il rampe sur le sol, ne se relevant que pour voir sa route. Enfin, il parvient au retranchement, et déjà il aperçoit ses camarades, quand une balle l'atteint à la cuisse gauche. Tranquillement, René Granger s'abrite derrière un arbre et panse sommairement sa blessure. Puis il se traîne jusqu'au chef de poste.

L'officier veut que le caporal se repose : pendant qu'on le soignera, un autre continuera. Le vaillant soldat refuse. Il veut aller jusqu'au bout. En vain lui représente-t-on les

difficultés qu'il va éprouver pour marcher.
« J'ai promis », répond-il obstinément.

Rien ne peut le retenir. Et, de nouveau, il
part, faisant appel à toute son. énergie pour
dominer sa souffrance. Il lui reste deux compagnies à visiter. L'une est toute proche : il
la rejoint bientôt ; mais l'autre est à six cents
mètres, et c'est la plus avancée dans la zone
de combat.

A chaque pas, il doit s'arrêter, tant la douleur est vive. Les balles sifflent à ses oreilles,
l'une d'elles transperce son képi. Mais rien
ne l'arrête. Soudain, une détonation formidable retentit. Un obus vient d'éclater à
quelques mètres de lui, et un éclat lui fait
au ventre une affreuse blessure.

Le brave caporal est mortellement atteint.
Ses forces l'abandonnent. Il songe à sa famille, à tous ceux qu'il a laissés au pays, et
il ne peut retenir une larme. Mais bientôt des
bras le soulèvent et, avec des précautions infinies, le placent sur une civière. Deux brancardiers l'ont vu tomber et sont venus à son
secours.

Alors René Granger se souvient qu'il n'a
pas rempli complètement sa mission. D'une

voix faible, il supplie qu'on le conduise près du capitaine, et quand l'officier se penche vers lui, c'est un souffle, presqu'un râle qui s'échappe de la poitrine de l'agonisant. *Mais il a transmis l'ordre quand même et il meurt satisfait.*

Le sacrifice de sa vie n'a pas été inutile. Les Allemands ont vu leurs attaques échouer une fois de plus et le petit caporal a été glorieusement vengé.

L'émouvante histoire de René Granger fut contée par un officier de son régiment, qui était plus ému qu'il ne voulait le paraître.

Avec de tels soldats, la victoire n'était-elle pas certaine ?

XXI

Une croix bien gagnée.

La connaissance de l'allemand avait son utilité dans les tranchées. On en jugera par cette anecdocte authentique qui montre aussi le courage et le sang-froid extraordinaires d'un simple soldat.

Joseph Boudin, sapeur du génie, avait été chargé, avec une escouade, de faire sauter les fils de fer devant une tranchée boche. Il avait été prévenu qu'une heure plus tard une compagnie d'alpins s'élancerait à l'assaut. Malgré le jour déclinant, nos sapeurs avaient été vus; après une fusillade, Joseph Boudin resta seul, tous ses camarades ayant été tués. Il allait se replier en rampant, quand il aperçut un capitaine ennemi sortant de la tranchée allemande, à quelques pas. Un coup de baïonnette en plein cœur et l'officier, sans un cri, s'affaissa.

A ce moment, Boudin entendit les alpins qui s'apprêtaient pour l'assaut. Une inspiration soudaine lui fit endosser la capote et le casque à pointe de sa victime, puis il sauta dans la tranchée boche, criant en allemand (il avait étudié cinq ans en Allemagne) : « La hausse à deux cents mètres, et feu à volonté sur la droite. »

Au pas de course, les alpins arrivaient, par la gauche. Lorsqu'ils furent devant la tranchée, le faux capitaine fut le premier à crier: « Kamarade ! » Résultat : nombre de vies furent épargnées et, sans pertes, la compagnie d'alpins fit deux cents prisonniers.

Le soldat Joseph Boudin, déjà titulaire de trois citations, fut décoré de la Légion d'honneur.

Cette croix sera bien portée.

XXII

Le fossoyeur sublime.

Voici une action d'éclat qui est admirable
et simple. Elle provient d'une lettre écrite du
front par un soldat. La sobriété du récit n'atténue point sa grandeur épique, au contraire.

« ... A notre gauche, les zouaves occupaient
une tranchée distante à peine de 250 mètres
des tranchées allemandes. En're les deux
lignes, des cadavres de vaches, de porcs et
aussi de soldats français et allemands.
La veille, comme le bataillon de zouaves
avait fait une sortie, il avait laissé sur le terrain trois nouveaux morts ; ceux-là, du moins,
recevraient une sépulture : ainsi en avait dé-
cidé l'héroïsme d'un de leurs camarades.
Sans qu'on puisse l'en empêcher, ce brave
sort en rampant de la tranchée... Il emporte
quelques briques qu'il dispose devant lui, à

longueur de bras, et il avance à plat ventre derrière ce frêle obstacle. Il atteint ainsi le premier cadavre et l'enterre, à fleur de sol, il est vrai, mais enfin il lui donne les honneurs de la sépulture. Pendant ce temps, les Allemands ne cessent de tirer. Le rempart de briques s'effrite sous les balles. Peu importe : le zouave est en marche vers le second corps. Il l'enterre comme le précédent, à cent mètres à peine des tranchées ennemies.

Devant tant d'audace calme, les Allemands ne tirent presque plus. On dirait qu'ils sont touchés par tant de bravoure et qu'ils l'admirent.

Alors, le fossoyeur sublime se lève, tout droit, sans armes, la pelle sur l'épaule. Lentement, il atteint le troisième cadavre et l'enterre, profondément celui-là, sans qu'un seul coup de feu trouble le grand silence.

Quand il a fini, il s'essuie le front, et, toujours face aux Boches, sans se retourner une seule fois vers nous, il ramasse quelques morceaux de bois dont il fait une croix qu'il plante sur la tombe. De nouveau il se redresse, semble hésiter quelques instants, comme s'il cherchait quelque chose, puis il fait le salut militaire et revient, sans perdre un pouce de sa taille, à sa tranchée.

A peine y a-t-il sauté qu'une salve formidable siffle au-dessus de sa tête.

Cependant, ses camarades, étreints par une indicible émotion, le félicitent. Ils lui demandent aussi pourquoi il avait eu, là-bas, un moment d'hésitation.

Alors lui, le plus naturellement du monde :

— Je cherchais si je n'avais pas sur moi de quoi faire les trois couleurs du drapeau.

XXIII

Un héros de la division bleue.

Derrière les Buttes-Chaumont, sur la paisible place du Danube, se trouve l'orphelinat des enfants des mobilisés du XIX⁰ arrondissement. C'est une de ces œuvres admirables que Paris charitable a créées pour secourir les plus douloureuses misères causées par la guerre. Cette demeure abrite une cinquantaine de gamins recueillis dans le quartier. Ils trouvent là des soins, la nourriture, l'instruction, et aussi l'affection du foyer familial momentanément brisé.

L'heure de la classe vient de sonner. Tous les bambins sont à leur place. S'appuyant sur deux béquilles, un petit soldat de l'infanterie coloniale à l'œil vif, la tête énergique, le menton volontaire, la poitrine couverte de médailles, se dirige vers le bureau de la maîtresse d'école. C'est le caporal Augusto

Folcher, du 14e colonial. Ce rude troupier a
reçu, sur le champ de bataille, la Médaille
militaire et la croix de la Légion d'honneur.
Il va dire à ces enfants, en quelques phrases
très simples, la plus belle page d'héroïsme
qui se puisse entendre.

Auguste Folcher a une trentaine d'années.
Avant de s'engager, il était chauffeur de taxi.
A vingt ans, il a quitté le volant pour entrer
à la coloniale. Il a fait la campagne de Chine
et du Tonkin. Il a cinquante-neuf mois de co-
lonies. Il compte seize campagnes. De l'Ex-
trême-Orient, il a rapporté la médaille de
Chine. Il était en garnison à Perpignan quand
la mobilisation a été décrétée. Il est parti
joyeux et fier pour Charleroi avec son régiment. Le voilà dans la bataille. Laissons-lui
la parole.

— Le 6 août, à 4 heures, la division « bleue »
— c'est ainsi que l'on nomme la division
composée des troupes coloniales — débarque
à Charleroi. Tout de suite, nous voilà à l'œuvre. Il s'agit d'arrêter la marche des Boches.
Nous tenons pendant seize heures devant des
ennemis beaucoup plus nombreux que nous.
Nous devons enfin céder sous leur poussée

formidable. La retraite sonne. A regret, nous quittons le champ de bataille où nous abandonnons bon nombre d'excellents camarades, et nous nous replions vers Saint-Quentin.

Le 26 août, nous sommes à Compiègne. La bataille s'engage à nouveau, acharnée, contre une division de cavalerie allemande. Nous assommons littéralement les uhlans dans la forêt de Compiègne. Mais nous ne pouvons tenir plus longtemps contre les flots d'infanterie qui débouchent de toutes parts et contre les rafales d'artillerie.

Au matin, avec le concours des Anglais, nous faisons sauter le pont et nous gagnons Senlis. Arrivés à neuf heures du soir, nous en repartons à onze heures, non sans avoir infligé une rude leçon aux Boches.

Le 6 septembre, nous sommes à Provins. C'est par un bel après-midi plein de soleil et d'enthousiasme que nous prenons position. Le lendemain matin, à cinq heures, l'artillerie prépare notre offensive. Quand le roulement sourd de la canonnade s'atténue dans la matinée sereine, les clairons sonnent la charge. Nous voici lancés, baïonnette au canon. Notre élan est si rapide, si vif, qu'il nous entraîne jusqu'à

Berry-au-Bac, poussant, devant nos baïonnettes rougies de son sang, l'ennemi déconcerté,
qui croyait bien gagner Paris.

Le 23 septembre, nous entrons dans les
tranchées. Deux jours après, nous en sortons
pour déloger les Allemands d'un terrier voisin. Au cours d'une charge à la baïonnette,
mon commandant, le brave commandant La-
garue, tombe, blessé d'une balle à la gorge.
Alors qu'il nous entraînait à l'assaut, je le vois
soudain faire une effroyable pirouette. Les
balles pleuvent dru. Les mitrailleuses cher-
chent à arrêter notre marche. Nous avançons
toujours. Mais je ne puis ainsi abandonner
mon chef. Je reviens en arrière. Je charge
mon pauvre commandant comme je peux et
je le ramène dans la tranchée que nous avions
quittée. Là, il est à l'abri. Je regagne aussitôt ma section. J'arrive au moment décisif.
Nous pénétrons dans la tranchée ennemie. A
l'endroit où je me trouve, c'est un furieux corps
à corps. On ne tire plus : on se bat à la baïonnette. Nous avons le dessus. Quatre grands
diables de Prussiens se dressent au-dessus des
cadavres et crient, pleins de terreur : « Kamarades ! Kamarades ! » Je suis seul pour em-

mener ces gaillards. De plus, je ne veux pas
laisser deux culots de mitrailleuses que nous
pourrons utiliser. Comment emporter tout ce
matériel ? Pour n'avoir pas de surprise avec
les prisonniers, je leur attache solidement les
mains derrière le dos. Et je pars, poussant
devant moi les quatre Prussiens et traînant
les deux culots de mitrailleuses.

Pour cet acte, j'ai été félicité par mes chefs ;
le 25 septembre le général de Castelnau m'a
donné la médaille militaire.

La bataille continue de plus en plus vive.
Le 25, trente-cinq pièces de 75 nous préparent
le terrain. A la baïonnette, nous repoussons
et chassons l'ennemi. La journée commence
mal pour moi. Au cours d'une charge, je reçois
un coup de baïonnette dans la cuisse. Mon
sergent-major me fait immédiatement un pansement avec le bout de ma ceinture de fla-
nelle. Et un quart d'heure après avoir reçu
cette blessure je rejoins mes camarades et
continue la charge. La victoire s'affirme de
plus en plus nettement. Sous l'acharnement
de la division « bleue », les Boches battent
en retraite. C'est la fuite. Nous précipitons la
poursuite. Soudain, j'aperçois devant moi le

porte-drapeau du 69° bavarois, un grand gaillard de lieutenant, qui fuyait à toutes jambes. J'essaie de l'arrêter en tirant sur lui. La balle va se loger dans les reins. Il reste debout. Il n'est que blessé. Il reprend sa course, mais plus lentement.

A ce moment, avec mon adjudant, mon sergent et deux de mes camarades, nous gagnons précipitamment la ferme de Jonchery pour couper la retraite à quelques-uns de ces Bavarois. A peine installé derrière une borne de la ferme, j'aperçois devant moi, le revolver au poing, le porte-drapeau que j'avais blessé. Il braque sur moi son arme. Mais, tandis qu'il faisait ce mouvement, d'une main je lui flanquai un coup de baïonnette dans la tête et de l'autre je m'emparais de son étendard. Je me suis abrité aussitôt derrière la ferme pour enrouler le drapeau autour de mon corps et le cacher sous ma capote, puis j'ai rejoint mon bataillon. Hélas ! dans cette affaire, l'adjudant, le sergent et un homme étaient morts et un autre assez grièvement blessé.

J'ai continué la poursuite, mais j'ai reçu une balle qui m'est restée dans le ventre. Le sang inondait mes vêtements. En vain j'ai essayé

de me relever. Je suis resté là deux heures
sous la pluie battante, furieux d'être immobi-
lisé, de ne pouvoir suivre mon bataillon. J'ai
été relevé par des ambulanciers anglais mais,
au moment où ceux-ci me transportaient, une
nouvelle balle me traversa le bras droit.

Arrivé à l'ambulance, on m'a déshabilié. On
a alors trouvé, enroulé sur mon corps, le drapeau que j'avais pris. Dès que j'ai été pansé,
le major m'a interrogé. Je lui ai fait le récit
de ma prise. Sur le brancard où j'étais couché,
j'ai été recouvert par « mon » drapeau. Prévenu de la découverte faite par les ambulanciers anglais, le général de Castelnau est venu
me voir. Il m'a félicité et m'a proposé numéro 1
pour la croix. Le 12 mars, j'ai été décoré aux
Invalides... »

Et, tout en reprenant ses béquilles, car les
balles qu'il a reçues ont rendu pour toujours
sa jambe droite inerte, le caporal Folcher con-
clut :

— Je n'ai fait que mon devoir !

Les yeux rieurs de tous les jeunes auditeurs
se sont voilés de pleurs à ce récit d'un brave.

XXIV

L'héroïque figure du duc de Rohan.

Le 2 septembre 1914, le maire de Lizy-sur-Ourcq donna l'ordre à ses administrés d'évacuer la commune. Seule, une courageuse aubergiste, Mme Bossuat, et son père, octogénaire, s'obstinèrent à rester. Le 3, les Allemands occupèrent le village. Le 13, brusquement, la retraite s'opéra. Le 15, la garnison allemande était réduite à cinquante hommes.

Le 16, au matin, Mme Bossuat aperçut deux dragons français qui débouchaient sur le pont du canal. Par des chemins détournés, l'aubergiste prit sa course vers eux.

— Qu'espérez-vous, à deux contre cinquante ? cria-t-elle à l'officier.

Et celui-ci de répondre:

— Mais les envelopper, tout simplement !

Et les deux dragons foncèrent sur les cinquante Prussiens campés sur la place. Et, spectacle inouï! l'aubergiste vit les cinquante Allemands — parmi lesquels se trouvaient quatre sous-officiers — prendre leurs fusils et venir en briser les crosses contre une borne.

On connaît aujourd'hui les noms des deux dragons qui osèrent et accomplirent ce merveilleux trait d'audace.

L'un est le maréchal des logis Fluet, du 27°, tué à Verdun.

Quant à l'autre, la brave aubergiste, témoin de sa prouesse, devait le revoir quelques mois plus tard. Il avait changé d'arme et portait trois galons sur sa manche, avec la Légion d'honneur et la Croix de guerre.

— Ma foi, lui avoua-t-elle en le reconnaissant, je vous croyais mort. *Vous êtes de ceux qui sont trop braves pour rester en vie!*

La digne femme, hélas! ne prophétisait que trop juste.

L'ancien lieutenant du 27° dragons, passé sur sa demande dans les chasseurs à pied, parce qu'il voulait se battre davantage encore, n'était autre que le capitaine duc Josselin de Rohan-Chabot, député du Morbihan ; il tomba glorieusement à Barleux, pendant la bataille de la Somme, dans les circonstances que nous allons raconter.

On sait avec quelle noble et patriotique ardeur le jeune député était parti dès le premier appel aux armes.

Décoré de la croix de la Légion d'honneur pour sa magnifique conduite lors des premières attaques sous Verdun, où il fut blessé, il n'avait qu'un désir : regagner au plus vite le front, rejoindre ses hommes. « Mes admirables hommes », ne cessait-il de répéter.

Comme on s'écriait devant lui:

— C'est infernal, n'est-ce pas?

— Oui, répondait-il, en secouant sa tête fière toute enveloppée de pansements, oui, c'est infernal, en effet. Mais qu'on me guérisse vite, car voyez-vous, j'ai la nostalgie de l'enfer.

L'héroïque soldat auquel une magnifique citation a rendu l'hommage de « véritable chevalier sans peur et sans reproche », s'ennuyait loin de ses compagnons de tranchées, jaloux des *coups* qu'on pouvait porter sans lui. « Dieu sait, aimait-il à répéter, ce que ces bougres-là auront encore fait de sublime

sans moi ! » Et si on essayait de l'intéresser
à quelque autre sujet : « Allons donc! vous
n'allez pas me faire croire que ces choses-là
existent! » Pour lui, en effet, hors la France
et ceux qui la défendaient, l'univers était aboli.

Sans attendre sa guérison, il repartait pour
la Somme, d'où il écrivait, le 11 juillet 1916,
à sa mère :

« Je suis en ce moment sur le champ de bataille,
à l'endroit exactement où le pauvre Cochin a été
tué. C'est mon bataillon qui remplace le sien. J'ai
manqué d'y rester ce matin ; j'ai été enterré par
une grosse marmite, mais je vais très bien ce soir.
La vie ici est très pénible, *mais l'ivresse du succès
nous donne des ailes.* Si nous continuons ainsi j'espère arriver à Manancourt prochainement. Ce serait
magnifique. Mais j'y crois fermement cette fois. »

Manancourt! un de ses châteaux, une de
ses terres qu'il rêvait de reconquérir. L'exploit
entrevu l'exaltait !

Deux jours après, lorsqu'il faut, en vue de
l'attaque du lendemain, s'assurer de la position de l'ennemi, le capitaine de Rohan se
propose pour remplir cette périlleuse mission.
Sur le terrain découvert, seul son ordonnance

l'accompagne. Et le cœur à la fois ivre et serein, la démarche sûre, la pipe allumée, il va, vivante cible... il va, songeant que s'il regarde bien, s'il repère avec soin, les autres, ses chers braves, ses frères qui l'adorent pour sa vaillance si hardie et si crâne et son alerte bonne humeur, pourront à l'aurore attaquer librement. Tac... tac... tac... Une mitrailleuse troue l'air de son cliquetis sec. Le duc de Rohan s'affaisse, trois balles au front, deux dans le cœur. On réussit à ramener le corps.

Il fallut interdire à un sous-lieutenant de sortir de la tranchée pour aller chercher la pipe de Rohan. « Mon capitaine l'aimait tant ! » disait-il.

Ce fait ne prouve-t-il pas quel ascendant le duc de Rohan exerçait autour de lui et quelles affections profondes l'entouraient ? Comme son ancêtre, Fernand de Rohan-Chabot, il aurait pu écrire : « L'empereur m'a donné la Légion d'honneur ! Mes soldats prétendent que je la mérite ! »

XXV

Au bois de Hem. Comment un soldat et son caporal firent cent prisonniers.

Parmi les héros que M. Poincaré, au mois d'août 1916, décora sur le front de la Somme, près du théâtre même de leurs exploits, il en fut un devant qui le président de la République s'arrêta plus longuement.

C'était le caporal Claude Goutaudier, né à Renaison (Loire), où il était cultivateur quand la guerre éclata.

Au moment où M. Poincaré allait épingler sur sa poitrine la croix de la Légion d'honneur, un officier, auprès du président, donnait lecture de la citation du caporal Goutaudier :

« Audace et mépris absolu du danger, jetant la terreur dans les tranchées et abris ennemis. A fait, avec un camarade, une centaine

*de prisonniers, dont deux officiers. Après les
avoir conduits, est revenu prendre sa place. »*

M. Poincaré, qu'une visible émotion étreignait en présence de tous ces héros, s'arrêta.

— Comment, cent prisonniers ?

Ce fut le généralissime qui répondit :

— Oui, monsieur le président, cent prisonniers... Lui, et un de ses hommes...

Et voici le récit qu'un officier du bataillon du caporal Goutaudier fit au président de la République :

C'était le 28 juillet dernier, devant le bois de Hem. Nos troupes venaient de s'élancer à l'assaut des positions tenues par les Allemands. Déjà, une première vague avait franchi les tranchées ennemies. Une autre vague passa à son tour, complétant l'opération. Cependant, vers la droite d'un repli de terrain, une fusillade nourrie partit vers les nôtres.

Le caporal Goutaudier, qui se trouvait à l'aile droite de la deuxième vague d'assaut, appela un de ses hommes.

— Guillot, viens avec moi.

Et tous les deux se dirigèrent vers l'endroit d'où venait la fusillade.

— Guillot, prépare les grenades, dit le caporal à son compagnon.

Impassibles sous le feu, insouciants du danger, se glissant d'arbre en arbre, rampant sur le sol, ils arrivèrent à hauteur de l'abri où une compagnie allemande réfugiée continuait à tirer.

Une pluie de grenades s'abattit sur le boyau ennemi ; la fusillade s'arrêta.

— Rendez-vous ! cria une voix de stentor.

C'était le caporal Goutaudier qui, dissimulé avec Guillot derrière un tronc d'arbre proche, clamait cette sommation.

Alors, de l'abri, les bras levés, cent hommes sortirent, cent Allemands, ayant à leur tête deux officiers. Le caporal leur fit signe de déboucler leur ceinture à cartouches, ils obéirent.

— Approchez par ici, cria encore Goutaudier, de sa cachette. Sortez du bois tout de suite, et en route pour l'arrière.

Les deux soldats français, une grenade dans chaque main, conduisant les cent Allemands, arrivèrent quelques instants après dans nos lignes.

Les prisonniers ennemis avouèrent alors

que plusieurs de leurs camarades étaient restés dans l'abri.

— Viens, Guillot, dit Goutaudier, allons les
chercher.

Les deux hommes repartirent.

Mais Guillot, bientôt, tombait atteint d'une
balle à la poitrine.

Le caporal dut, cette fois, renoncer à son
entreprise.

XXVI

Chez les héros.

— Quand je lis l'*Iliade*, disait le sculpteur
Bouchardon, il me semble grandir tout à coup
de cent coudées.

Qu'aurait-il éprouvé s'il lui avait été donné
de pouvoir contempler aux lieux mêmes où
s'exalta leur gloire, Achille, les deux Ajax et
toute la fleur des guerriers hellènes ?

C'est une impression d'enthousiasme qui
dépasse en grandeur les sentiments humains
que l'on éprouve en visitant, avec l'assenti-
ment de l'autorité militaire, et sous la conduite d'officiers d'état-major, ces champs de
bataille où s'est déroulée la lutte la plus gigantesque qui ait passionné l'imagination
des hommes, et dont les noms, aujourd'hui
noms de victoires, chantent en fanfare dans
notre souvenir : la cote 196, Mesnil-les-Hurlus, Beauséjour...

C'est cette visite qu'a racontée un témoin oculaire.

A partir de Laval, petite commune à quelques kilomètres du front, les cinq autos qui forment notre convoi s'espacent au fur et à mesure à quatre cents mètres l'une de l'autre. C'est l'ordre du commandant qui nous pilote ; ordre sage, car les marmites ne tardent pas à pleuvoir.

Un convoi de poilus croise le nôtre : c'est la relève des tranchées de première ligne. Caparaçonnés de boue du képi aux talons, les hommes, portant beau malgré la fatigue qui les ploie, ont l'air de leurs propres statues, coulées en glaise. Chaussures, capotes, harnachements, képis, sont enduits et comme pétrifiés de la même teinte limoneuse et livide, et le visage lui-même est figé sous un masque de bourbe.

Çà et là, au fond de la vallée, dont les arbres ont été rasés par nécessité stratégique ou pour confectionner des gourbis, au bord d'une rivière aux eaux troubles, des hommes, le torse nu ou la chemise largement échancrée, procèdent gaiement à leurs ablutions.

Est-ce leur carapace de boue qui déteint sur l'eau de la rivière, ou cette eau épaisse et saumâtre qui donne à leurs barbes limoneuses ce vernis indélébile ?

Brusquement, notre cortège fait halte. Les premières tranchées allemandes sont à moins de quinze cents mètres. Il faut parcourir le reste du chemin à pied. Sur une route défoncée, consolidée de fûts de sapins, qui fait songer aux soubassements de quelque cathédrale incendiée, nous cheminons pendant deux kilomètres. A cinquante mètres à peine sur notre gauche, nos canons, par-dessus nos têtes, crachent leur mitraille, sans reprendre haleine. La riposte est lente et bégayante. L'ennemi manquerait-il de munitions ou d'à-propos ?

A de longs intervalles, quelques marmites nous font hommage de leur salut sans grâce à fumée nauséabonde, lente à se disperser, en cliquetis tapageur. On dirait un sac plein de ferraille qu'on laisserait choir de très haut.

Voici enfin les gourbis et les boyaux qui mènent aux tranchées de première ligne ; à notre gauche, Mesnil-les-Hurlus ; en face, la

cote 196 ; à droite, le fortin de Beauséjour :
les trois kilomètres glorieux conquis récem-
ment sur l'ennemi. A cinquante mètres à
peine — nous a-t-on repérés ? — une marmite
de bienvenue éclate pesamment, tudesque-
ment, peut-on dire, aveugle, puérile et puante,
comme leur Kultur.

Halte. Nous sommes à présent parmi les
héros — les prodigieux lutteurs qui ont accompli les incroyables prouesses que nous
ont fait connaître les communiqués. Dans
leurs yeux très doux brille la double flamme
des travaux passés et des victoires à venir.
Timides, nul n'ose raconter, dure contrainte,
le gigantesque effort. Enfin l'un se hasarde,
puis l'autre... Et c'est un merveilleux récit,
entrecoupé de petits faits, d'incidentes, de
feintes modestes, d'hésitations, de scrupules,
dont seul un Michelet pourrait rendre la grandeur, l'épique simplicité.

C'est la ruée des marsouins sur les premières tranchées, que nos 75 ont épousseltées à
grands coups de plumeau ; le fossé franchi
d'un bond, c'est le corps à corps effroyable ;
les rixes à coup de pied, de poing. Entre les

lutteurs, agglutinés, il n'y a pas place pour l'épaisseur d'une baïonnette.

Mais, à la guerre, du tragique au guilleret il n'est qu'un pas. Le tout est de le franchir sans encombre. Nuit et jour, à Mesnil-les-Hurlus comme à Beauséjour, l'on se bat. Mais les soirs de relâche, il y a cinéma.

La dynamo d'un tracteur automobile fournit la lumière indispensable. Une vaste tente, hangar pour avions démontable, est dressée en un clin d'œil par une équipe. Une scène de fortune y est installée, plantée de décors affriolants : deux cariatides musclées y exaltent leurs redondants biceps, l'une travestie en artilleur, l'autre en fantassin colonial. Un piano, une contrebasse, trois violons et un violoncelle forment l'orchestre, dont les artistes, avant la guerre, appartenaient à l'élite de nos virtuoses parisiens.

Deux parties de concert avec, pour intermède, une partie de cinéma, constituent le programme de ces soirées aux applaudissements nourris et au succès étourdissant.

Mais, si spirituelles qu'étincelassent les *Lettres d'un Berlinois à son ami Fritz* et *De*

Gavroche au kaiser, œuvres toutes deux d'un pimpant cycliste colonial ; si attendrissant qu'apparût et si religieusement que fût écouté le grand air de *Manon*, chanté par le ténor Bousquet, nulle émotion, en ces heures où les émotions se succèdent si ardentes, ne se peut comparer à celle que déchaîna l'exécution — non comprise au programme — de la *Marseillaise*, chantée tout d'une voix et debout par tous les poilus, gainés de limon, aux gestes héroïques et nobles de statues.

Enthousiasme qui devint du délire quand, entre deux chansonnettes, la nouvelle arriva et fut communiquée à l'auditoire de la prise de Przemysl. Une ardente clameur, ponctuée de vivats et de trépignements déchaînés, monta vers les étoiles, et, pour quelques instants, fit taire le fracas des canons, des marmites explosant tout près, basse héroïque de ces héroïques fredons.

Il est impossible de passer sous silence un épisode touchant.

Un petit caporal colonial avait, tout exprès pour le concert, composé une chansonnette. Il devait lui-même la chanter le soir. Il fut tué l'après-midi, d'une balle au front. Un camarade, au pied levé, fredonna ses couplets. Braves petits couplets pleins d'entrain, au refrain desquels une larme tremblait...

Image poignante et douce, où se résume l'émouvante impression d'un tel pélerinage : celui qui chantait a succombé, un autre se redresse qui reprend à son tour la chanson tenace, l'immortelle chanson d'espoir et de beauté, qu'enfièvre d'avance le souffle de la victoire.

XXVII

Simple histoire d'un héros.

Comment, dit M. Louis Barthou, Arthur-Isidore Dumas, ancien zouave pontifical, ancien combattant de 1870, mourut glorieusement dans la Somme, après avoir combattu dans toutes nos expéditions coloniales, au Transvaal, à la Marne, aux Dardanelles, en Macédoine et à Verdun.

Au moment de raconter cette histoire, une histoire simple et héroïque dont la légende s'emparera, je me souviens du conseil donné par La Bruyère : « Amas d'épithètes, mauvaises louanges ; ce sont les faits qui louent, et la manière de les raconter. » Ici la manière s'impose. Il n'y a qu'à laisser parler les faits.

Il s'appelait Dumas (Arthur-Isidore). Il était né Pyrénéen, de cette forte race béarnaise qui a donné à la France des maréchaux et des généraux illustres, et qui lui a donné pour la dernière guerre des soldats dont les chefs ont loué la vaillance, l'endurance et l'entrain.

En 1867, Dumas avait dix-neuf ans. Il s'engagea comme zouave pontifical. Il reçut à Mentana la première des dix blessures qui devaient rougir glorieusement sa carrière militaire. Trois ans après, passé du service du pape au service de la France, il fit, comme tant de zouaves pontificaux, tout son devoir national. Sous-lieutenant de cavalerie, il prit part à l'immortelle charge du général Margueritte. Il fut blessé, il fut fait prisonnier, il s'évada.

Depuis, Dumas se trouve partout où il y a des coups à recevoir et à donner. Citons, sans commentaire : dans l'Extrême-sud Oranais, en Tunisie, au Gabon, à la Côte d'Ivoire, au Soudan, sur la frontière marocaine.

Avec un tel homme, la retraite, dont la loi fixe l'âge, ne saurait être un renoncement. Dumas ne peut plus servir en France : on se bat au Transvaal ; il va au Transvaal, où il se bat.

En 1914, quand l'Allemagne déclare la guerre à la France, le sous-lieutenant de 1870 ne se résigne pas à laisser échapper l'occasion de la revanche qu'il a voulue toute sa vie. Il se présente pour reprendre du service. Mais il a soixante-six ans : on le remercie, et on le refuse. Trop vieux en France, il tente la chance en Belgique. Accepté, il fait le coup de feu, il est prisonnier, il s'évade.

Il arrive à temps pour assister à la bataille de la Marne avec le 1er de marche d'Afrique. Il y reçoit six blessures.

Guéri, il se bat aux Dardanelles, dans la vallée du Vardar, où un obus le bouscule.

L'inactivité de l'armée d'Orient lui pèse. Il rentre en France. Il est capitaine, détaché au 44e d'infanterie. Il assiste, les 25 et 26 février, aux débuts de la bataille de Verdun. Il défend Bezonvaux, que l'ennemi encercle. Une balle lui traverse les deux fesses.

Dumas ne traîne pas dans d'inutiles convalescences. Il a le secret de guérir vite. Il porte ses blessures avec élégance. Il a perdu un œil. Où ? Je ne saurais le dire. Mais son œil a deux tenues qu'il a pittoresquement définies lui-même. Tenue de combat : il est borgne. Tenue de gala : œil de verre. Un jour, le capitaine porte sa montre chez un horloger, pour une réparation. Quand il vient pour la chercher, l'horloger refuse de la lui rendre, ayant eu affaire, dit-il, à un autre officier.

— Je comprends, réplique Dumas, qui enlève son œil de verre. J'avais ce matin ma tenue de combat. Je la reprends. Me reconnaissez-vous ?

L'horloger reconnaît le borgne, transformé par la tenue de gala : il rend la montre.

Quand on a été de ceux de la Marne et de ceux de Verdun, et surtout quand on est Dumas, il faut être de ceux de la Somme. Le capitaine, quoique mal rétabli, ne manque pas au rendez-vous de la victoire. Il se bat à Cléry. Une balle de mitrailleuse lui traverse la cuisse, tandis qu'il monte à l'assaut. Ses soldats l'adorent. Quatre hommes se précipitent. Au moment où ils l'emportent, une balle lui fracasse la tête.

Il est enterré en terrain conquis. Un boyau portait son nom. Ce sont les faits qui louent. Et aussi les citations ! Celle du capitaine Dumas, après avoir rappelé ses dix blessures,

dit simplement qu' « il est mort, après une
vie d'honneur et de loyauté, le 12 août 1916,
pour la France, de la mort qu'il avait toujours
rêvée ». La France salue ce héros.

XXVIII

L'héroïsme de l'aide-cuisinier.

C'est l'acte très simple d'un simple aide-cuistot — comme on désignait les cuisiniers dans l'argot des tranchées.

Il l'a accompli naturellement, comme il accomplissait tous les actes de sa besogne quotidienne. Et, à aucun moment, il n'en a soupçonné l'héroïsme.

C'était à l'arrière, au cantonnement. La corvée de soupe était partie, oubliant à la cuisine les gamelles d'un poste d'écoute. L'aide-cuistot, resté seul à nettoyer la roulante, s'en aperçut.

— Bon sang de bon sang ! clama-t-il. Il ne faut pourtant pas que les copains se passent de dîner.

Sans hésiter, il se chargea des six gamelles et se mit en route.

Heureux à l'idée de la bonne surprise qu'il allait faire là-bas, à ceux qui devaient commencer à désespérer, notre homme avançait lentement, mettant tout son amour-propre à ne rien perdre du précieux contenu des gamelles.

Un bombardement de nos premières lignes rendait alors la mission particulièrement dangereuse. L'aide-cuistot se trouva bientôt au milieu des éclatements. Les morceaux de fonte passaient avec leur ronflement sinistre au-dessus de sa tête, sans lui donner un faux mouvement, ni lui faire hâter le pas.

Le boyau, à demi-comblé, n'offrait plus qu'un abri insuffisant, mais le cuisinier, sans se presser, n'ayant comme préoccupation que ses gamelles, avançait toujours du même pas tranquille et sûr.

Soudain l'aide-cuistot chancelle ; un projectile l'a atteint au bras ; les gamelles vacillent ; elles vont tomber... Non, du bras valide qui lui reste, il les a rattrapées, il les tient serrées contre lui ; pas une cuillerée de soupe ne sera perdue.

L'homme arrive ainsi au poste d'écoute où, devant la joie des camarades, il a le courage

de sourire. Comme on voit son bras ensan-
glanté, on l'interroge.

— Ce n'est rien, mon vieux, un éclat dans
la manche. Je vais aller me faire panser.

Et il ajoute :

— Vous avez votre soupe, c'est le principal !

XXIX

Debout, les morts !

L'héroïque récit suivant fut conté par un lieutenant.

— Nous étions en train d'aménager une tranchée conquise. Au barrage de sacs qui fermait son extrémité, deux guetteurs faisaient bonne garde. Nous pouvions travailler en toute sécurité.

Soudain, partie d'un boyau que dissimule un repli de terrain, une avalanche de bombes se précipite sur nos têtes. Avant que nos hommes puissent se ressaisir, dix sont couchés à terre, morts et blessés pêle-mêle.

J'ouvre la bouche pour les pousser en avant de nouveau, quand un caillou du parapet, déchaussé par un projectile, me frappe à la tête. Je tombe sans connaissance.

Mon étourdissement ne dure qu'une seconde. Un éclat de bombe me déchire la main gauche et la douleur me réveille.

Comme j'ouvre les yeux, affaibli encore et l'esprit engourdi, je vois les Boches sauter par-dessus le barrage de sacs et envahir la tranchée. Ils sont une vingtaine.

Il n'ont pas de fusils, mais ils portent par devant eux une sorte de panier d'osier empli de bombes.

Je regarde à gauche, tous les nôtres sont partis, la tranchée est vide. Et les Boches avancent ; quelques pas encore et ils sont sur moi...

A ce moment, un de mes hommes, étendu, une blessure au front, une blessure au menton, et dont tout le visage est un ruissellement de sang, se met sur son séant, empoigne un sac de grenades placé près de lui, et s'écrie :

— Debout, les morts !

Il s'agenouille, et, puisant dans le sac, il lance ses grenades dans le tas des assaillants.

A son appel, trois autres blessés se redressent. Deux qui ont la jambe brisée prennent un fusil et, ouvrant le magasin, commencent un feu rapide dont chaque coup porte. Le troisième, dont le bras gauche pend inerte, arrache de la main droite une baïonnette.

Quand je me relève, revenu tout à fait à moi, du groupe ennemi la moitié environ est abattue, l'autre moitié s'est repliée en désordre.

Il ne reste plus, adossé au barrage et protégé par un bouclier de fer, qu'un sous-officier énorme, suant, congestionné de rage, qui, fort bravement ma foi, tire dans notre direction des coups de revolver.

L'homme qui, le premier, a organisé la défense, le héros du « Debout, les morts ! », reçoit un coup en pleine mâchoire. Il s'abat...

Tout à coup, celui qui tient la baïonnette et qui, depuis quelques instants, rampait de cadavre en cadavre, se dresse à trois pas du barrage, essuie deux balles qui ne l'atteignent pas et plonge son arme dans la gorge de l'Allemand.

La position était sauvée. Le mot sublime avait ressuscité les morts.

XXX

Un Français vaut trois Allemands.

Voici un joli acte de courage accompli par un pioupiou des environs de Quimper.

Notre Breton aperçoit dans un buisson trois soldats accroupis. Il marche sur eux, les appelle, leur faisant signe de se rendre. Psst ! En chemin, son fusil tombe. Sans se donner la peine de le ramasser, il court sus aux trois Boches. Avec le premier, il engage un corps à corps furieux; il réussit à faire partir le fusil de son adversaire qui reçoit la charge en pleine tête. La cervelle éclate.

Le Breton saisit alors le fusil, et assomme d'un coup de crosse le second Allemand, ce que voyant le troisième lève les mains aussitôt et se constitue prisonnier. Il est sur-le-champ conduit devant le capitaine qui félicite le troupier français pour son audace.

— J'en ai démoli deux, répondit-il, mais ce

n'est pas de ma faute, mon capitaine. Je ne leur voulais pas de mal. J'aurais simplement désiré vous les ramener par l'oreille. Ils ont essayé de me battre : alors, j'ai cogné.

— Pourtant, remarque le capitaine, c'était un peu imprudent de t'attaquer seul à trois ennemis ?

— On nous a toujours dit, répartit le Breton, qu'à la baïonnette, un Français valait trois Allemands. C'était juste le compte !

XXXI

Le zouave héroïque.

Lorsque la guerre éclata, le sergent Des-
bordes-Marceau accomplissait son service
militaire au Maroc. Il sollicita aussitôt de ses
chefs l'honneur de venir se battre en France,
et cette autorisation tardant à son gré, il rendit ses galons pour partir avec le premier
contingent.

Affecté à un régiment de zouaves, il parti-
cipe à la bataille de Charleroi où il est remar-
qué de ses chefs qui lui confient plusieurs
missions de confiance. Pendant la bataille de
la Marne, il se bat comme un lion, et donne
à ses camarades le plus bel exemple de bravoure et de sang-froid.

Le 9 novembre, il est sur l'Yser et prend
part à l'action brillante qui nous vaut la possession de la fameuse Maison du Passeur. Il
est blessé d'une balle à la poitrine, évacué

sur un hôpital de l'arrière ; mais, au bout de trois jours, atteint de la nostalgie du front, il supplie qu'on le laisse repartir et rejoint comme volontaire à la section de mitrailleuses de son régiment.

Le 18 février 1915, lors de l'attaque de Roclincourt, en Artois, il est une seconde fois blessé d'une balle à la poitrine, en emportant sur son dos, au péril de sa vie, une mitrailleuse sur le point d'être capturée. Cet exploit lui vaut une première citation à l'ordre de la division et les galons de caporal.

Rapidement sur pied, refusant toute convalescence, il se bat au mois de juin à Tracy-le-Val, entraînant victorieusement sa section à l'attaque d'une tranchée allemande.

Les 25, 26 et 27 septembre, il prend part à la bataille de Champagne, sous les ordres du général Marchand, qui, remarquant son entrain et son courage, le propose pour la médaille militaire.

Jusqu'au 20 février, il est en Belgique, et l'inaction lui pèse. Aussi se propose-t-il comme volontaire pour toutes les reconnaissances périlleuses.

Cependant la bataille de Verdun s'engage.

Rapidement amené sur le front d'attaque en automobile, son régiment arrive juste pour soutenir les braves chasseurs du vaillant colonel Driant. Ces héros sont faits pour s'entendre. Zouaves et chasseurs luttent jusqu'à la mort, sans défaillance, retardant l'avance allemande en ne cédant le terrain que pas à pas.

Le 22 février, Desbordes est avec son bataillon en avant de Douaumont. A deux heures du matin, l'ordre arrive de contre-attaquer. Le même jour, à huit heures du soir, il a pris part à cinq assauts à la baïonnette. Lors de la dernière charge, il a trois doigts de la main gauche brisés, mais il ne s'arrête pas pour si peu, et continue avec ses camarades.

L'assaut terminé, il apprend que son capitaine, grièvement blessé, est resté dans les réseaux de fils de fer barbelés. Il refuse de se laisser panser et part à sa recherche. Trois fois, il est obligé de revenir, ne pouvant avancer ; enfin il réussit, en rampant, à atteindre l'endroit où gît l'officier. La fusillade crépite, le bombardement est effroyable. Il ne peut songer à ramener son chef au milieu de cet ouragan d'acier. Il fait, en attendant l'instant propice, un rempart de cadavres allemands qui protégera le capitaine contre les balles des Boches : lui-même se dissimule sous un monceau de corps ennemis. *Ils restent ainsi tous deux vingt-quatre heures.* Enfin, profitant d'une accalmie, il charge l'officier sur ses épaules et, oublieux de ses propres souffrances, le ramène dans nos lignes. Il ne consent à se laisser évacuer que lorsqu'il a la certitude que son capitaine est hors de danger.

Cette brillante action d'éclat est récompensée par les galons de sergent et une citation à l'ordre de l'armée, que va suivre incessamment la médaille militaire.

Détail particulièrement émouvant, le sergent Desbordes a eu trois frères tués à l'ennemi et son vieux père fusillé par les Allemands près de Reims. Il les a d'ailleurs bien vengés.

Hélas ! ce brave entre les braves est cette fois définitivement hors de combat : il a été réformé malgré ses supplications et ses larmes. Mais son souvenir restera parmi les zouaves qu'il électrisa par ses héroïques exploits.

XXXII

La mort d'un héros.

Le succès remporté par les troupes françaises sur les pentes sud du Mort-Homme
n'a peut-être eu, dans la gigantesque mêlée
de Verdun, qu'une valeur épisodique : il n'en
constitue pas moins une preuve de la vaillance et de l'entrain de nos soldats.

C'est un peu après midi, alors qu'une effi-
cace préparation d'artillerie avait bouleversé
les retranchements ennemis, que fut donné
le signal de l'attaque. Deux bataillons prirent
part à l'action. Un blessé a raconté qu'elle
fut foudroyante.

La première vague prit pied dans les tranchées allemandes sur un front de quatre cents
mètres. Ses pertes étaient insignifiantes.
L'opération avait si bien réussi que notre
commandement décida sur-le-champ de lui
donner un peu plus d'ampleur. Pendant que,

sous un bombardement intense, nos éléments victorieux se maintenaient sur leurs nouvelles positions, organisant le terrain conquis, deux autres attaques étaient lancées simultanément aux deux extrémités de la tranchée occupée. Sur la gauche, le résultat fut immédiat. Les Allemands, surpris par notre brusque attaque, se rendirent en majeure partie. Cent vingt prisonniers, dont trois officiers, restèrent entre nos mains ainsi que deux mitrailleuses et un lance-bombes. Les captifs paraissaient épuisés, moralement et physiquement. On eut d'ailleurs bientôt l'explication de leur attitude : ils étaient depuis vingt-six jours en première ligne et attendaient vainement une relève toujours promise et sans cesse retardée. Notre intervention fut, pour la plupart d'entre eux, une véritable délivrance.

Par contre, sur la droite, nos troupes se heurtèrent à une farouche résistance de contingents poméraniens, qui, rapidement renforcés, essayèrent à plusieurs reprises de passer à l'offensive. Mais nos braves soldats ne le leur permirent pas : leur vaillance eut raison de l'opiniâtreté de l'ennemi. Dans un

corps à corps acharné où la baïonnette joua
un rôle capital, ils prirent l'avantage, et délo-
gèrent les Boches. Ce combat fut très meurtrier pour les Allemands.

Lorsque à trois heures de l'après-midi, le
général commandant la brigade vint lui-
même se rendre compte des résultats obte-
nus, il put constater qu'un peu plus d'un
kilomètre de tranchées allemandes avaient
été prises d'assaut par les fractions de ses
deux régiments qu'il félicita chaleureusement.

Un incident qui provoqua une certaine
émotion se produisit à ce moment. Comme
le général allait se retirer, il apprit qu'un
officier, un lieutenant, atteint au ventre par un
éclat d'obus, se mourait au poste de secours.
Il s'y rendit et trouva un tout jeune homme,
déjà décoré de la croix de guerre, qui, avec
le plus grand sang-froid, dictait à un infirmier
un suprême adieu à sa mère.

En apercevant le général, le lieutenant fit
un effort pour se redresser et, essayant de
sourire, il lui dit : « Vous venez, mon général,
ral, assister à ma mort ! » Et comme le général lui répondait : « Mais, mon ami, tout
espoir n'est pas perdu : vous vous en tire-

rez ! » L'officier dit doucement ces fières paroles : « Non, mon général, je n'ai plus que quelques heures, peut-être même quelques minutes à vivre, mais ne me plaignez pas, je suis heureux de mourir *pour ma belle France !* »

Une demi-heure plus tard, ce héros expirait entre les bras d'un aumônier militaire, et dans la mort son jeune visage exprimait encore la satisfaction du devoir accompli.

Le lieutenant fut bien vengé. Les Allemands contre-attaquant le soir même pour chercher à nous reprendre les tranchées conquises, sa compagnie fit payer cher à l'ennemi la mort de son chef. « Il nous semblait, dit un sergent après le combat, que le lieutenant était là pour nous encourager et sa voix résonnait quand même à nos oreilles : « Allons, les enfants ! Rentrez là-dedans. » — Ah ! on peut dire qu'on a fait du bon travail ! Quel dommage que le lieutenant n'ait pas vu ça ! »

Et sa pensée se reportait au chef regretté dont la mémoire survivra toujours parmi ses camarades et ses hommes.

XXXIII

Une défense héroïque

Comment la garnison du fort de Vaux résista aux assauts de vingt mille Allemands.

Le correspondant du Continental Daily Mail *a fait le récit suivant de la défense du fort de Vaux :*

Quand la situation du fort de Vaux commença de devenir critique, le commandant Raynal, son vaillant défenseur, disposait d'un bataillon, c'est-à-dire d'un peu plus de mille hommes.

Ces hommes étaient désignés pour tenir dans un fort à demi ruiné, contre des masses d'infanterie appuyées par plus de cent batteries de canons lourds. Les renforts ne pouvaient plus les atteindre, étant donné la vigueur du feu allemand.

Pendant une semaine, seul, sans secours,

le major Raynal et ses hommes tinrent contre plus de vingt mille assaillants. Deux compagnies allemandes occupaient déjà les fossés du bastion nord ; après trois jours de combats, Raynal et sa poignée d'obstinés durent abandonner cette partie de la position et gagner la redoute centrale.

Ils parvenaient encore à communiquer, la nuit, avec le gros des troupes, et l'un des derniers messages envoyés par le défenseur disait : « On ne se rendra jamais, quoi qu'il arrive. » Raynal tint parole.

Les Allemands avançaient pas à pas, par l'ouest et par le sud, resserrant le cercle fatal qui cernait le fort. Chaque soir, des volontaires allaient porter au général Nivelle les messages envoyés par le commandant pour l'informer du cours des événements. C'étaient de dangereuses missions : sur cinq messagers, un seul passait.

Un mercredi matin, à trois heures cinquante, un officier, venu des lignes françaises, parvint, grâce à l'obscurité, en rampant à travers le cordon des assiégeants ennemis, à gagner la redoute où le commandant Raynal tenait bon. Le feu de l'artillerie allemande

martelait à coups redoublés les parties supérieures du réduit sous les voûtes duquel la
garnison avait trouvé un refuge. L'officier
réussit à rentrer dans les lignes françaises,
où il porta la nouvelle de la situation déses-
pérée des survivants.

Le combat avait revêtu, la veille et l'avant-
veille, une violence absolument terrifiante.
Des régiments allemands tout entiers ayant
tenté d'avancer contre le bastion ouest, où
deux batteries de canons de campagne étaient
postées, furent pris sous le feu rasant des
pièces et totalement anéantis. Une compagnie
parvint à grimper à l'assaut jusqu'à cinquante
mètres des canons ; mais elle n'alla pas plus
loin. Plusieurs attaques ne purent être re-
poussées qu'après de sanglants corps à corps.
Quand les assaillants atteignaient enfin l'entrée principale du fort, ils furent surpris par
une contre-attaque d'une violence inouïe : les
adversaires se ruèrent l'un sur l'autre, les
hommes de la garnison faisant usage de leurs
couteaux, de leurs casques tenus par la jugu-
laire et qu'ils faisaient tournoyer autour de
leurs têtes comme des massues, de leurs
poings même ; les Allemands se servant de

bombes à main lacrymogènes, de grenades, de jets enflammés. C'est ainsi que, pied à pied, les défenseurs reculèrent.

Quand, à la fin, exténués par sept jours de veille et de combat, ils se trouvèrent au bout de leurs forces, des troupes allemandes toutes fraîches surgirent, s'emparèrent du fort et de la poignée de héros qu'il contenait encore.

La prise du fort de Vaux n'est pas une victoire de l'infanterie allemande. C'est un succès dû uniquement aux canons lourds et aux explosifs puissants de l'artillerie ennemie : le siège en a duré près de trois mois et demi.

La défense du fort de Vaux vivra dans les annales de la guerre comme l'un des plus beaux exemples de l'endurance et de la bravoure humaines portées jusqu'à leurs extrêmes limites.

XXXIV

La défense du bois des Caures par les héroïques chasseurs du colonel Driant.

L'affaire du bois des Caures fut un des épisodes les plus dramatiques et les plus glorieux de la bataille de Verdun.

Les chasseurs qui étaient chargés de défendre cette partie du secteur, sous les ordres du lieutenant-colonel Driant, ont, par des prouesses sans cesse renouvelées, ajouté une page magnifique à l'histoire de la dernière guerre.

Voici quelles furent les péripéties du combat qui se déroula du 21 au 25 février, telles que les rapporta l'officier qui vécut ces heures mémorables.

« Depuis quatre jours nous tenions les tranchées lorsque les Allemands commencèrent la préparation de leur attaque. C'était le 20, à sept heures quinze du matin. Notre chef, le lieutenant-colonel Driant, était justement en tournée d'inspection dans le bois des Caures. Nous avions un bataillon en ligne, l'autre en réserve immédiate à la ferme de Mormont. Tout le monde fut aussitôt sur le qui-vive. Le marmitage commença avec une rare violence. Nos postes d'écoute, selon la consigne, se replièrent sur la ligne de résistance et tous nous attendîmes les événements.

Il fallait laisser passer l'ouragan de fer avant de tenter quoi que ce soit, mais en l'occurrence ce fut plus qu'un ouragan, ce fut un déluge de mitraille. Nos abris même les mieux établis cédaient. Vers onze heures du matin, notre poste le plus résistant fut écrasé sous les obus. Quatorze chasseurs et un officier furent ensevelis sous les décombres.

Cependant nos hommes ne bronchaient pas. Ils s'empressaient auprès de leurs camarades blessés, comme s'il se fût agi d'un banal accident. Le sergent Caplain, avec quelques aides, dégagea neuf des victimes du bombardement, et chacun s'évertua à parer aux éventualités futures.

Les travailleurs renforçaient sous le feu

les organisations du bois des Caures. Bref, la besogne ordinaire s'effectuait comme de coutume.

Vers quatorze heures, les effets du bombardement devinrent véritablement impressionnants ; il ne restait plus un seul abri digne de ce nom.

L'officier adjoint au lieutenant-colonel Driant fut grièvement blessé et beaucoup de nos chasseurs se trouvèrent aussi fort éprouvés. A dix-sept heures, l'artillerie ennemie allongea son tir et nous n'eûmes plus autant à en souffrir. C'est que les Allemands cherchaient à se porter sur Haumont.

Les Boches d'avant-garde, pour nous donner le change, s'étaient revêtus de capotes ressemblant vaguement aux nôtres et ils s'étaient munis de brassards. Mais cette ruse fut vite déjouée et ils reçurent l'accueil qu'ils méritaient. Néanmoins, au bout d'un certain temps, ils réussirent à s'infiltrer dans nos tranchées de première ligne et à s'y accrocher. Les contre-attaques se produisirent de notre côté et, toute la nuit, le combat se poursuivit à la grenade. Nos positions furent à peu près maintenues,

Le 22, le bombardement reprit de plus belle. Les tranchées, martelées par les obus, s'aplanissaient rapidement, les boyaux de communication étaient détruits, le bois lui-même était fauché sur de larges espaces. Pourtant, nos chasseurs conservaient la même impassibilité.

Vers midi, nous aperçûmes de grosses fractions ennemies qui, après s'être dirigées sur le bois d'Haumont, inclinèrent vers la lisière du bois des Caures, cherchant à passer à travers nos tranchées de soutien.

Toutes nos liaisons téléphoniques étaient, bien entendu, coupées depuis la veille. Nous ne pouvions communiquer avec l'arrière ou sur les côtés que par coureurs. Combien sont ainsi volontairement partis pour porter des renseignements, qui ne revinrent jamais ! Le dévouement de nos chasseurs fut inépuisable en ces instants critiques. L'attaque boche se faisant pressante, un lieutenant se porta à la tête de sa compagnie pour riposter. Blessé à la main, il l'enveloppa dans son mouchoir et reprit son élan en criant : « En avant ! En avant ! » Une deuxième balle l'arrêta net. Il s'affaissa sur le sol. Un autre officier s'élança

automatiquement pour prendre sa place. Il
avait à peine franchi quelques mètres qu'une
balle lui traversait la gorge. L'ennemi, en forces très supérieures aux nôtres (nous avions
la valeur d'une brigade toute fraîche devant
nous alors que, depuis la veille au matin, nos
deux bataillons avaient subi un feu des plus
meurtriers), s'évertuait à nous tourner par
deux côtés : par Haumont, d'une part, et par
le bois de la Ville, de l'autre. Nous nous dé-
battions de toutes nos forces contre cet encer-
clement et nos grenadiers se multipliaient
dans les luttes à courte distance.

Vers quinze heures trente, la situation devint tout à fait critique. L'anneau se resser-
rait autour de nous et les Allemands avaient
même amené par la route de Ville un canon
qui prenait en écharpe la position où s'ap-
puyait notre résistance essentielle.

C'est alors que je fus appelé au poste du
lieutenant-colonel Driant, qui se trouvait sur
la ligne de résistance qu'il n'avait pas quittée
depuis le début de l'attaque. Je vis le lieutenant-colonel Driant appuyé sur son fusil,
entouré du commandant Renouard, du capitaine Vincent et du capitaine Hamel. La gra-

vité de son énergique visage me frappa. Sans ambages, il nous déclara : « Encore quelques minutes et il faudra mourir ou alors nous serons prisonniers. »

Il prit un temps et ajouta :

— Au moins qu'on essaye de sauver quelques-uns de ces braves gens.

— Eh bien, sauvons tout ce que nous pourrons, répond le capitaine Hamel, cela fera autant de chasseurs qui se battront encore demain.

Le lieutenant-colonel Driant prit alors chacun des deux chefs de bataillon par un bras et tous trois tinrent conseil. Nous entendîmes le capitaine Vincent qui disait :

— C'est dur ; je préférerais mourir.

Et des larmes coulaient sur ses joues. Tous nous pleurions, et les plus endurcis de nos chasseurs présents à cette scène étaient gagnés par une indicible émotion. Le commandant Renouard s'assura qu'il ne restait plus rien dans l'abri dont l'ennemi pût tirer parti, toutes nos archives et tous nos plans avaient d'ailleurs été brûlés le 21 — et l'ordre de battre en retraite fut donné aux compagnies.

Notre mouvement commença, protégé sur

le flanc par un détachement de chasseurs. Les têtes de colonnes, en sortant du bois, furent accueillies par les feux croisés des mitrailleuses ennemies. N'importe, le repli s'exécuta et les fragments des sections qui purent franchir cette zone se rallièrent à Beaumont, sur la première ligne de notre deuxième position.

Le lieutenant-colonel Driant avait voulu partir parmi les derniers et voir exécuter la manœuvre avant de quitter le bois des Caures. Il a été aperçu pour la dernière fois par un chasseur qui s'était blotti dans le même trou d'obus que lui pour laisser passer une rafale de projectiles. Le lieutenant-colonel Driant fit partir le chasseur le premier en criant :

— Au revoir ! Bonne chance !

Et il attendit que le reste de ses hommes eût évacué le bois. Depuis, aucun d'eux ne l'a revu. Avant d'abandonner la ligne de résistance, une section de mitrailleuses tira ses quinze mille cartouches et trouva le moyen de sauver ses pièces quand l'ennemi approcha de trop près.

Privés de notre chef, nous restâmes à la disposition du commandant de la défense de Beaumont. Nous réorganisâmes les restes de nos sections pour les poster le lendemain au carrefour de la route de Louvemont. Puis nous fûmes chargés d'occuper le ravin qui s'appelle « le camp du clairon Roland ».

Nos hommes, qui, depuis le 21 au soir, n'avaient pas été ravitaillés, tinrent encore stoïquement pendant de longues heures sous le feu de l'artillerie. Au cours de la nuit du 23 au 24, ils aidèrent les corvées à porter des munitions à la première ligne. D'autres groupes de volontaires partirent pour aller rechercher leurs camarades blessés et pour les ramener au poste de secours.

Le matin du 24, enfin, tant d'actes d'héroïsme et de dévouement étaient récompensés et on appelait les chasseurs au repos. Ils l'avaient bien gagné. Ils ont résisté jusqu'à la dernière minute ; ils n'ont cédé qu'après avoir épuisé toutes les ressources de l'énergie humaine : les Allemands savent mieux que personne le prix que leur a coûté le bois des Caures.

XXXV

Les fantassins d'Haumont égalèrent les chasseurs du bois des Caures.

Les Allemands, dès le début de l'attaque du 21 février, concentrèrent leur feu d'artillerie sur Haumont qu'ils soupçonnaient d'être un de nos centres de résistance; ils tâchèrent d'en opérer la destruction systématique afin de pouvoir pénétrer dans la place sans trop de casse dès qu'ils auraient pris le bois d'Haumont, premier obstacle à franchir. Du reste, ils arrosaient, avec une abondance inusitée, tous les passages, tous les ravins, tous les carrefours qui pouvaient nous servir. La puissance de ces rafales était telle que, peu à peu, nos lignes avancées fléchirent et que, vers dix-huit heures, le bois d'Haumont commença d'être envahi.

Les troupes qui l'occupaient résistèrent de

toutes leurs forces et dans beaucoup de luttes de détail remportèrent de brillants succès. Mais l'ennemi affluait toujours en vagues de plus en plus denses. Aux environs de vingt heures, il était arrivé à la lisière sud du bois d'Haumont. Pendant toute la nuit, le bombardement continua avec tant de force, que nous étions dans l'impossibilité de contre-attaquer.

Ce fut bien pis à partir de six heures du matin, le 22; les gros obus éclataient de toutes parts, fouillant le sol, abattant les arbres, démolissant les maisons. A huit heures — fait qui paraissait impossible — la débauche de munitions redoubla. Nos guetteurs virent alors l'ennemi attaquer les tranchées du bois de Consenvoye avec des « flammenverfer » et descendre dans le ravin Hormont, marchant vers la lisière ouest du bois d'Haumont. Mais le barrage était tel, devant le village, qu'il nous était absolument interdit de déboucher. Inutile d'ajouter que nous n'étions en communication ni avec l'avant ni avec l'arrière. Le réseau téléphonique avait été haché et quant à faire des signaux d'optique, il n'y fallait pas compter. Cependant, sous ce feu d'enfer, les troupes de la garnison d'Haumont s'installèrent dans ce qui restait des ouvrages défensifs sur les deux flancs et en avant du village, et quelques réserves qui avaient pu nous rejoindre prirent leur place au débouché sud d'Haumont et, stoïques sous la mitraille, officiers et soldats attendirent l'attaque.

A partir de dix heures, les gros obus se succédèrent à la vitesse de huit à dix coups à la minute. Ils battaient non seulement Haumont même, mais encore le ravin au sud d'Haumont : nous étions parfaitement encadrés. Vers quatorze heures, le roulement atteignit vingt coups à la minute ; tous nos hommes, néanmoins, conservaient une merveilleuse placidité. Les ruines s'amoncelèrent sur les ruines. On peut dire que le village s'effondrait sans cesse sur lui-même ; il s'enfonçait sous terre. Le réduit bétonné sur lequel nous comptions le plus céda à son tour sous les coups de bélier répétés de l'artillerie ennemie, ensevelissant sous les décombres quatre-vingts hommes, plusieurs mitrailleuses et détruisant notre dépôt de munitions. Cela nous plaçait dans une situation infiniment précaire, et personne ne broncha. Nous ne tenions plus qu'un village rasé, retourné, crevassé, sans aucun abri à l'épreuve. Seul un réduit où se trouvait le poste de commandement du colonel fut miraculeusement épargné.

A dix-sept heures, enfin, les Allemands attaquèrent Haumont. La valeur d'un bataillon déboucha en trois colonnes à la fois : par le nord, le nord-ouest et l'est.

Ceux de nos hommes qui survivaient se redressèrent pour les contenir et arrêter la manœuvre enveloppante. Les mitrailleuses intactes entrèrent en jeu par des feux continus, fauchant les rangs ennemis. La gauche allemande fut obligée de s'arrêter devant un de nos réseaux de fils de fer, resté à peu près intact, mais le centre et la droite progressèrent. Toutes nos fractions disponibles se replièrent alors dans les nouvelles tranchées creusées au sud-est d'Haumont et trois mitrailleuses s'acharnèrent à décimer les assaillants qui avaient fini par s'infiltrer par le nord et le nord-ouest. Mais ils étaient trop.

Les Allemands parvinrent à déboucher dans le creux du village et, par le presbytère, ils atteignirent à revers le poste de commandement du colonel. Par les soupiraux des caves, ils y mirent le feu avec des « flammen-

verfer ». L'incendie se propagea avec rapidité·
L'état-major du colonel était sur le point
d'être pris ou de périr dans les flammes. Mais
le colonel, entouré des quelques officiers survivants, qui avaient fait le coup de feu avec
les derniers défenseurs, sortit carrément à
travers le barrage des mitrailleuses ennemies
et fut assez heureux pour n'être point blessé.
La retraite s'opéra sans qu'on eût à déplorer
d'autres pertes dans cette poignée de braves. On disposa finalement les mitrailleuses
intactes, de manière à barrer le chemin à
l'ennemi, du ravin de Samogneux au sud
d'Haumont, et la lutte continua.

Si le village fut évacué, l'honneur resta
sauf. Pas un instant la panique ne régna. La
plupart tombèrent glorieusement plutôt que
de trahir leur consigne. La défense d'Haumont restera sans aucun doute une page magnifique où, dans l'avenir, on pourra juger des
sacrifices dont notre infanterie est capable
lorsqu'on fait appel à son esprit d'abnégation.

XXXVI

La mort du sergent Bailly.

En Argonne, certain jour, un 10 juillet, fut une des plus chaudes journées de la guerre. Tous ceux qui soutinrent le choc furieux de l'armée du Kronprinzen garderont le souvenir.

C'est cet après-midi-là que le petit fils du maréchal Berthier ajouta un nouveau lustre au nom de Wagram. C'est ce soir-là qu'est mort, à la noble façon du chevalier sans peur et sans reproche, le sergent Bailly. C'est la mort de ce brave, ce sont ses dernières paroles qu'il convient de rapporter.

Les attaques les plus violentes de l'ennemi étaient, un après-midi, dirigées sur les tranchées occupées par un bataillon d'infanterie. Huit heures durant, les projectiles de tous calibres, les torpilles, les obus asphyxiants étaient tombés en pluie dense et incessante sur nos lignes. Deux cents hommes, aveuglés par les gaz lacrymogènes, la poussière et la fumée, poignée de braves harassés, couverts de blessures, défendaient avec un entêtement héroïque leurs positions bouleversées. Trois fois les Allemands s'étaient élancés à l'assaut, trois fois ils avaient été rejetés dans leurs trous, contraints à se terrer pour attendre un moment plus propice.

Ce moment vint quand l'artillerie allemande eut précipité son tir et jonché de nouveaux cadavres nos premières tranchées. A cet instant, un groupe de fantassins ennemis réussit à tourner notre ligne. Ils se jetèrent dans un bout de tranchée, le garnirent, s'y fortifièrent. C'était notre défense irrémédiablement compromise.

Le sergent Bailly commandait la seule section en réserve sur cette partie du front. Il comprend la gravité de la situation. Il ordonne : « En avant ! » et s'élance avec ses hommes pour dégager ses camarades.

Quand on n'a pas fait la guerre, on s'imagine généralement que, dans le fracas des obus, au milieu de la fournaise, de toutes parts assailli par la mort, le combattant perd toute lucidité, s'abandonne à la fortune, bonne ou mauvaise, et perd la direction de ses propres mouvements. Quelle erreur ! En de telles circonstances, un soldat voit plus clairement, pense plus rapidement et plus juste que sur le champ de manœuvre. La solution exacte s'im. pose nécessairement et instantanément à son cerveau. Sa décision suit, prompte et parfaite, comme si ses facultés étaient décuplées par le danger.

Criblés par la fusillade, pris entre les fils de fer, nos hommes se débattent dans ces pièges, beaucoup tombent, les autres hésitent. Mais Bailly a deviné plutôt que vu un passage. Il y entraîne sa section. Le voilà sur la tranchée conquise par les Allemands. L'ennemi fuit. Bailly est maître de la position. Il donne à ses soldats l'ordre de s'y fortifier et s'affaisse.

Pendant l'attaque, le sergent a été frappé d'une balle. Il a négligé sa blessure. Et cependant elle est mortelle. Bailly en prend conscience, maintenant que l'ardeur du combat, que le sentiment de sa responsabilité ne le soutiennent plus.

Un lieutenant est là, qui accourt avec du renfort. Bailly, anxieusement, l'interroge, non pas sur la gravité de son mal, sur les secours

qu'il peut attendre ; non, il demande grave-
ment, dans une angoisse : « Ai-je bien fait,
mon lieutenant, tout ce que je devais? » L'officier n'a que des termes élogieux pour le
sang-froid, le courage du sergent; mais il
veut le soigner, lui apporter quelque récon-
fort. Bailly répond simplement : « Je meurs
content, mon lieutenant, puisque vous m'as-
surez que j'ai fait mon devoir. »

Et, dans un sourire, il exhale son dernier
souffle...

Cette scène authentique me fut contée et
je la raconte à mon tour.

Mais, d'un bout à l'autre du champ de bataille, depuis la mer du Nord jusqu'aux Vos-
ges, il y eut chaque jour, à chaque heure,
des scènes semblables qui auraient mérité
d'être recueillies. La présence de la mort arrache les hommes à la médiocrité de leur
condition.

Quel chant, quels accents vaudront jamais
ces simples paroles d'un mourant? Celles-là
et toutes celles qu'on n'a pas entendues composent une musique divine capable d'élever
l'âme d'une race au plus haut degré de la
noblesse humaine.

XXXVII

Le tambour.

Un détachement français allait prendre possession d'un village. Survient une troupe allemande qui a pour point de direction ce même village. Surprise des uns et des autres. Bataille. A la première fusillade, tous nos officiers et tous nos sous-officiers tombent. Nos hommes crient :

— Nous sommes fichus !

Un commandement retentit :

— Baïonnette au canon !... Vingt pas en avant !

La manœuvre s'exécute.

— Couchez-vous !... Tir à volonté !... Visez bas...

La compagnie obéit.

— Levez-vous !.., Cinquante pas en avant !... Couchez-vous !... L'arme bien en mains !... Debout pour la charge !... En avant !...

La compagnie se dégage, refoule les Boches et elle reste maîtresse du village.

Qui l'a groupée, commandée sans qu'elle s'en doute, lui a redonné toute son assurance et fait retrouver toute sa vaillance, devinez qui?

Le tambour !

Y a-t-il un fifre boche qui serait capable d'en faire autant?

XXXVIII

Des dragons ne se rendent pas !

Un petit village de Lorraine a été le théâtre de combats furieux. Voici, raconté par
un lieutenant de dragons, un épisode qu'on
ne lira pas sans émotion.

C'est le matin. Depuis l'aube, l'attaque allemande se développe. Parmi les défenseurs
du village, une trentaine seulement, des dragons, restent debout avec le lieutenant qui
commande. Ils doivent tenir jusqu'à neuf heures, moment où arrivent des renforts d'infanterie. Et les Allemands se ruent à l'assaut
en masses profondes.

— On est presque poitrine contre poitrine,
dit le lieutenant. Ils peuvent nous atteindre
avec leur large baïonnette. Nous les fusil-
lons à bout portant. D'autres arrivent à notre
rempart.

— Chargeons-les, mon lieutenant, crie un
maréchal des logis.

Je fais signe que oui. Les hommes ont entendu.

— Nous n'avons pas de baïonnette, fait l'un avec désespoir.

Et il continue à tirer. Je hurle d'une voix de stentor :

— Au sabre... Au sabre, comme moi... Vous êtes tous officiers !... Pour la charge... En avant !

Trois blessés continuent à tirer. Dix hommes derrière moi, d'un seul élan, comme des diables, se précipitent contre les Allemands et les atteignent à coups de pointe. Le sabre pare le coup de baïonnette, coupe la main, entaille la figure, entre dans l'uniforme gris.

Au sabre ! C'est vraiment une fureur française. Et c'est à pleurer de commander de tels hommes. En cinq minutes, la section allemande est culbutée ; les survivants s'enfuient. La barricade est dégagée.

A huit heures et demie, le lieutenant n'a plus qu'une vingtaine d'hommes. Le canon a repris. Les shrapnells tombent comme pluie. Les dragons ne peuvent se terrer, de crainte d'une attaque.

— Si je suis atteint, dit l'officier à son

maréchal des logis, vous prendrez le commandement. Nous devons tenir jusqu'au dernier homme.

— Oui, mon lieutenant.

Quelques instants après, le sous-officier est tué. Le lieutenant frappé en pleine poitrine par un shrapnell, est étendu contre un mur. Il a la gorge remplie de sang qui monte des poumons. A côté de lui, son ordonnance pleure. La fusillade crépite encore.

Sur un signe du chef, l'ordonnance monte au clocher d'où l'on voit la campagne. Puis il fait la tournée aux quatre retranchements. A l'un, il n'y a plus qu'un homme valide. Des blessés tirent encore.

— Douze hommes intacts en tout, dit l'ordonnance.

Un brigadier s'avance :

— Que ferons-nous, mon lieutenant ?

— Tenez bon. Les fantassins vont être là...

Ils devaient arriver à neuf heures. Il est neuf heures dix. Le sang l'étouffe.

— Des dragons ne se rendent pas ! Faites-vous tuer...

Le brigadier branle la tête une seconde... Puis, résolument, sans éclat :

— Oui, mon lieutenant...

Et il part commander le feu à la barricade.

Une nouvelle attaque se dessine. Son ordonnance est montée de nouveau au clocher. Le lieutenant est haletant. Vont-ils arriver ?

La mitrailleuse crépite et les fusils... Sont-ils perdus ?... Il tire son revolver et le portrait de sa femme. Il ne se laissera pas prendre, déjà à moitié mort, et tous ses hommes tués.

Tout à coup, un cri de joyeuse surprise. C'est son ordonnance, qui, du baut du clocher, hurle :

— Les voilà ! Les voilà !...

Bientôt il est en bas, il est à la barricade, où il annonce :

— Tenez ferme, les voilà !

Il a pris le cheval de son lieutenant et s'est précipité, derrière le village, vers les arrivants, pour les faire hâter...

Cinq minutes s'écoulent, cinq siècles. Puis une compagnie, toute une compagnie de chasseurs — oh ! les braves petits uniformes bleus — débouche devant l'église. Un lieutenant court à la barricade avec ses hommes. Le feu reprend : les dragons sont sauvés !

Les hommes entourent leur lieutenant blessé — ceux qui restent : neuf ! neuf sur cinquante !

Une heure après, les Allemands étaient définitivement repoussés et on pouvait évacuer les blessés.

XXXIX

Le timonier du « 310 ».

Dans une citation à l'ordre de l'armée navale, on lisait :

« Aubray (Armand) matelot timonier breveté, 50. 800 / 5, du torpilleur 310 : a transmis, entièrement découvert, un signal à bras long et important destiné au général commandant les troupes de débarquement, au milieu d'une fusillade intense et avec le plus grand sang-froid. »

C'est aux Dardanelles, pendant le débarquement du corps expéditionnaire, que le timonier Aubray a accompli simplement ce geste héroïque, avec un magnifique mépris de la mort.

Il fallait, coûte que coûte, aviser le général commandant nos troupes d'un mouvement

duquel dépendait le succès de l'opération. On
ne pouvait pas se servir de la télégraphie
sans fil, aucun poste n'ayant pu être installé
à terre ; on ne pouvait pas davantage faire
un signal de pavillons, impossible à inter-
préter sans code, — peut-être aussi n'y avait-
il pas de vent pour faire flotter les pavillons qui, pendant le long des drisses, ne
pouvaient pas être distingués les uns des autres. Alors on eut recours aux signaux à bras.

Dans ces signaux, les positions différentes
des bras représentent les lettres de l'alpha-
bet, ce qui permet de signaler des mots et
des phrases sans avoir besoin de livres de
signaux. Quand on veut transmettre une communication par ce moyen, le matelot signaleur qui en est chargé se place bien en vue,
dans un endroit dégagé ou devant une chose
de couleur telle que celle de ses vêtements
puisse s'en détacher nettement, puis il appelle l'attention du navire ou du poste vers
lequel il veut communiquer en agitant à la
main un objet quelconque ; cela s'appelle « attaquer ». A la fin de chaque phrase le matelot
qui interprète le signal indique, par un geste
convenu, qu'il a compris, c'est l' « aperçu » ;

s'il n'a pas compris, le signaleur recommence la phrase.

Ces explications sont nécessaires pour apprécier comme il convient l'acte de froide bravoure du timonier Aubray.

L'on se représente aisément la scène grandiose !

L'amiral a fait appeler le commandant du 310 et lui a dit :

— Vous allez faire route sur tel point et là vous vous approcherez le plus possible de terre, de façon à signaler à bras l'ordre que voici.

Le torpilleur, en sondant, s'est rapproché du rivage. Les balles commencent à pleuvoir le long du bord. Sur l'ordre du commandant, l'équipage s'est mis à l'abri. Le commandant, dans le kiosque, donne des ordres à la barre et à la machine pour maintenir son bateau dans la même position. Les balles, maintenant, frappent la coque, éraflent le kiosque, la cheminée, les manches à vent ; les canots pliants en toile sont déchiquetés : le torpilleur est une cible sur laquelle tire toute une armée.

C'est alors qu'apparaît sur le pont désert

le timonier Aubray, tout de blanc vêtu et tenant à la main le « long et important signal »
qu'il doit signaler à bras. Posément, il « attaque » le poste qu'on lui a indiqué et il continue jusqu'à l' « aperçu ». Les balles mar-
tèlent les tôles et ricochent de tous côtés.

Le signal est commencé. Attentivement, le
timonier lit chaque phrase avant de la transmettre, ses bras, vigoureusement, prennent
nettement les positions dont chacune n'est
qu'une lettre du long message ; il ne se hâte
pas ; il veut être compris, bien compris ; il n'y
arrive pas toujours : alors, froidement, il recommence.

La fine silhouette blanche du timonier est
devenue le point de mire des régiments turcs.
On ne s'occupe plus que de lui, aussi bien de
notre côté où on l'admire que du côté de
l'ennemi qui le vise !

Cet homme retient l'attention de deux armées !

A bord du torpilleur, les portes des capots
s'entr'ouvrent, malgré la défense du commandant. On veut voir ce spectacle vraiment
beau, ce miracle d'invulnérabilité.

Enfin, le signal est terminé et Aubray, souriant, passe des bras de son commandant dans ceux de ses camarades, pendant que le torpilleur, à toute allure, se dirige vers le navire amiral pour rendre compte de sa périlleuse mission.

N'est-ce pas que le timonier du 310 égale les plus purs héros de Plutarque ?

XL

Le marsouin Mathieu Jouy.

Il sera encore question dans ce chapitre de l'homme qui mérite réellement d'occuper la première place dans l'admiration du monde, de ce simple soldat français qui a écrit avec son sang la plus belle page de nos annales, car l'héroïsme qu'il a déployé n'a jamais été dépassé ; peut-être même n'a-t-il jamais été égalé ?

Ce poilu surhumain change de nom tous les jours, suivant le régiment que nous regardons, ou le fait d'armes qu'on nous conte ; mais il est toujours de chez nous, car il porte la capote du pioupiou, le béret de l'alpin, la veste du chasseur, l'ancre du marsouin ou l'insigne de l'aviateur.

Parmi les prouesses héroïques qui nous furent narrées, il faut choisir. Voici, entre cent, un exploit qui mérite d'être rapporté et connu.

Le petit jour commence à poindre. En avant du fortin de Beauséjour, une étroite galerie à ciel ouvert, creusée en zigzags, relie perpendiculairement le fortin aux tranchées que nous tenons, face à l'ennemi. Les Allemands ont contre-attaqué toute la nuit. Nos compagnies ont brillamment répondu. Le marsouin Mathieu Jouy appartient à l'une de ces compagnies. Au petit jour, il défend encore avec une poignée de braves comme lui l'entrée de cette galerie sur laquelle les Allemands n'ont cessé de faire pleuvoir un feu terrible.

Mais laissons la parole à Mathieu Jouy.

— A six heures du matin, nous n'étions plus là que sept ou huit... Les autres étaient tués, ou bien, grièvement blessés, avaient dû se replier vers le fortin... Les Boches, abrités derrière le premier repli de ce boyau en zigzag, à moins de trois mètres de nous, nous jetaient maintenant des grenades à main qui éclataient au milieu de notre groupe... Vers la fin de la nuit nous avions bien établi là, avec des sacs de sable, une sorte de barricade derrière laquelle nous nous abritions à présent de notre mieux, mais elle ne pouvait

nous protéger contre les éclats de grenades...
Pourtant, vous comprenez, pour rien au
monde nous n'aurions voulu nous replier...
Les Boches auraient été trop contents... Et
puis, nous étions là tous des coloniaux, des
« durs à cuire », qui en avaient vu d'autres...
Seul, l'un de nous était étranger à notre régiment... C'était un petit fantassin dont j'ai
oublié le nom, appartenant à un régiment
chargé de couvrir nos opérations à l'arrière...
Son frère avait été tué à ses côtés la veille au
matin... Quand il avait vu que trois compagnies de chez nous étaient désignées pour
faire l'assaut des tranchées boches, il avait
demandé à son colonel la faveur d'être des
nôtres pour venger son frère. On le lui avait
accordé.

« La pluie de grenades pourtant continuait,
éclatant avec un bruit terrible, blessant ou
tuant l'un après l'autre mes compagnons...
Nous ripostions comme nous pouvions...
Bientôt, nous ne fûmes plus que cinq, puis
quatre... Le petit fantassin tomba à son tour...
Puis trois, puis deux... Le moment vint où
je fus seul... Je m'étais abrité derrière les sacs
de sable, le magasin de mon lebel soigneuse-

ment rempli, et disposé auprès de moi ; sur
l'épaulement, une bonne provision de cartouches...

« Soudain, un casque à pointe se montra.

Il vit bien tout de suite que je restais seul.

— Rends-toi, qu'il me crie.

— Non, mais avec ça, qu'est-ce qu'il faut
te servir, que je lui réponds.

« Je presse sur la gâchette de mon fusil.
Il dégringole. Un autre apparaît... Pan ! dans
l'œil... En voilà maintenant trois autres... Ils
paraissent un peu déconcertés en me voyant
seul... Mais ça ne dure pas longtemps... Je
les tiens là, bien au bout de mon fusil... Pan !
Pan ! Pan ! Encore trois de réglés... Là-bas,
dans le boyau, j'entends maintenant des ru-
gissements... Je comprends qu'ils arrivent
nombreux... Diable ! ça va devenir mauvais
pour moi, pensai-je... En effet, je les aperçois
qui débouchent....

« Mais le boyau est étroit... Ils ne peuvent
passer que un à un... Le premier, poussé par
les autres, s'élance sur ma petite barricade,
la baïonnette en avant, avec laquelle il me
traverse le bras gauche... J'ai encore le temps
de presser sur la gâchette de mon fusil et je

l'abats lui aussi... Mais voilà que, brusquement, je reçois par derrière, sur la tête, un fort coup de sabre... Je me retourne : c'est un grand diable d'officier qui a réussi à sauter sur le remblai et qui m'attaque par derrière... Hé bien ! il en a du toupet, celui-là, fis-je en moi-même... Je fais faire brusquement demi-tour à ma « Rosalie »... Une ! deux ! en avant, lancez... Et je lui pique ma baïonnette dans le ventre. Il tombe dans la galerie, embroché... Je dégage Rosalie, et, à la faveur des zigzags de la galerie, je me replie en bon ordre vers le fortin... C'est ce que j'avais de mieux à faire... Mon bras traversé par la baïonnette du Prussien commençait à s'engourdir, puis ils survenaient en nombre... Il valait mieux ne pas leur donner la satisfaction de m'avoir... C'eût été maintenant trop facile pour eux... Oh ! ils ne sont pas allés bien loin... Comme j'approchais de la redoute, pour aller rejoindre mes camarades, voilà nos 75, prévenus par téléphone, qui recommencent à leur cracher de la mitraille, de sorte qu'ils ont dû se sauver de nouveau et dire adieu pour toujours au fortin de Beauséjour... Moi, on m'a évacué, mais ce ne sera que peu de chose... Ma blessure est fermée et j'espère bien pouvoir, dans quelques jours, repartir sur le front, car voyez-vous, quand on est habitué à la musique de cette danse-là, on est un peu jaloux en pensant qu'il y en a d'autres qui dansent là-bas sans vous... »

XLI

Le pain de la gloire.

Pendant soixante-douze heures, ces hommes,
qui avaient mission de tenir en échec des
forces quatre fois supérieures, ont vécu de
quelques croûtons de pain et de quelques gor-
gées d'eau saumâtre.:. Ils se battaient sans
trêve.

On annonce à ces hommes qu'on va leur
apporter à manger et qu'on les relèvera bientôt ; ils haussent les épaules, et, montrant
leurs cartouchières qui se vident une fois encore, ils répondent simplement :

— Pour tenir, nous n'avons besoin que de
munitions.

Cette véridique histoire s'est passée au
143° d'infanterie.

XLII

Comment le chasseur Leriche a gagné la médaille militaire.

Le soldat Jean Leriche est un de ces « diables bleus » dont la vaillance et la bravoure ont arraché aux Boches eux-mêmes un hommage d'admiration.

Pendant toute la guerre, il s'est distingué par maintes prouesses. Toujours en avant, insouciant du danger, il a constamment donné l'exemple du plus tranquille héroïsme, et a été cité deux fois à l'ordre du jour de son régiment.

Peu de temps avant l'affaire du Vieil-Armand, Leriche, emporté par son élan au cours d'une reconnaissance, avait été blessé à la tête et ramené dans nos lignes par son lieutenant.

— Merci, mon lieutenant, je vous revaudrai ça !

L'occasion ne devait pas tarder à se présenter. Remis de sa blessure, Leriche reprit son poste de combat.

Le premier engagement qui eut lieu fut extrêmement violent et acharné. Les Allemands opposaient une résistance farouche et défendaient le terrain pied à pied. Comme toujours, Leriche était le premier à l'assaut et se battait comme un lion. Soudain, il entendit un cri : « A moi ! » C'était son lieutenant qui, aux prises avec une dizaine d'ennemis, allait succomber sous le nombre.

D'un bond, Leriche fut dans la mêlée. Il mit trois Allemands hors de combat en moins de temps qu'il ne faut pour l'écrire, et mit en fuite les autres. Malheureusement sa courageuse intervention n'avait pas empêché le lieutenant d'être atteint d'une grave blessure à la poitrine.

Leriche se pencha sur l'officier et lui dit doucement : « Mon lieutenant, j'ai encore de la besogne à faire, je vous laisse là, mais comptez sur moi, je reviendrai vous chercher. » Il plaça alors son chef derrière un buisson, de façon à ce qu'il fût abrité des balles, puis tranquillement rejoignit ses camarades.

Quelques minutes plus tard, le vaillant petit chasseur tombait à son tour, frappé d'une balle à l'épaule. Dans un suprême effort, il se redressa et dit à ses camarades : « Ce n'est rien ! Allez ! En avant ! » Et, maîtrisant sa douleur, il fit encore quelques pas. Mais il n'alla pas loin. Vaincu par la souffrance, il s'abattit de nouveau.

Lorsque, deux heures plus tard, Leriche revint à lui, sa première pensée fut pour son lieutenant. « L'a-t-on sauvé ? » se demanda-t-il. Et, oubliant ses propres blessures, il résolut de s'en rendre compte par lui-même.

Se traînant sur le sol, obligé de se reposer fréquemment, il arriva néanmoins jusqu'au buisson. Le lieutenant y était toujours, désespérant de recevoir quelque secours, résigné à mourir.

— Mon lieutenant, c'est moi, murmura Leriche. Je suis blessé moi aussi, mais je viens vous chercher quand même.

Emu, l'officier serra la main de Leriche. Puis il ajouta :

— Mais, mon pauvre ami, tu n'es pas en état de me porter !

— J'essaierai, mon lieutenant.

Et, soulevant l'officier, il l'aida à se mettre debout, puis, le soutenant sous les bras, il le fit avancer. Dire ce qu'il fallut de courage et d'énergie aux deux hommes pour accomplir le trajet qu'ils avaient à parcourir, est inutile. Les forces du lieutenant s'épuisaient rapidement. Leriche sentait diminuer les siennes, mais il ne lâcha pas prise.

— Courage, mon lieutenant ! ne cessait-il de répéter. Nous approchons.

Enfin, ils arrivèrent en vue de nos lignes et eurent la chance d'être aperçus. Quelques minutes plus tard tous deux reposaient côte à côte dans une ambulance voisine et, comme le lieutenant exprimait à Leriche sa reconnaissance pour son dévouement, le petit chasseur lui répondit :

— Je n'ai rien fait d'extraordinaire, mon lieutenant ; j'ai tenu ma promesse !

Leriche a par la suite obtenu la médaille militaire : il l'avait bien méritée !

XLIII

Canon et canon.

Un officier général s'approche d'une batterie de 75, qui fait décidément merveille. Pas un coup n'est perdu. Les Allemands, là-bas, doivent avoir une fière opinion de notre artillerie. Longtemps, l'officier s'intéresse au spectacle, observant le calme sang-froid d'un capitaine, au visage grave, à la large barbe noire, qui, sous l'uniforme, garde quelque chose de l'ecclésiastique.

A la fin, il y a une accalmie. Et le chef peut parler à ce capitaine qui, inlassablement, d'une pièce à l'autre, pendant près d'une heure, est allé donner des indications si utiles.

— Diable ! capitaine, vous pouvez dire que vous êtes, quand vous vous y mettez, un fameux pointeur. Vous avez fait, depuis que je vous observe, bien du mal à l'ennemi et bien des économies pour le gouvernement. Tous vos coups ont porté, ma parole.

— On fait ce qu'on peut, mon général.

— Soit, mais c'est très bien. Et, qu'est-ce que vous faites dans le civil *?*

— Je suis professeur de... *droit canon.*

XLIV

Bravoure sublime.

Le caporal François Philipp, du 24ᵉ colonial, en garnison à Perpignan, fut décoré de
la médaille militaire pour le fait suivant :

Un jour, son colonel, ayant besoin d'être
renseigné sur les forces ennemies, fait appeler
Philipp.

— Je te sais brave et courageux, lui dit-il,
c'est pourquoi je vais te charger d'une mission
extrêmement périlleuse. La nuit venue, tu
prendras vingt-cinq hommes et tu iras sur
cette crête où l'on voit des soldats allemands
creuser une tranchée. Tu tâcheras de rester
là jusqu'au matin, en te dissimulant, toi et
tes hommes, puis tu viendras me rendre
compte de ce que tu auras vu.

— C'est bien, mon colonel, j'irai, dit Philipp sans hésitation.

— Sais-tu que tu risques ta vie et celle de
tes camarades ?

— Je le sais, mon colonel, mais je n'ai pas peur de la mort : c'est pour la France !

A ces mots, le colonel, ému, embrasse Philipp, qui, très ferme, recrute vingt-cinq volontaires aussi bien trempés que lui. La petite troupe part. Les autres coloniaux la suivent des yeux ; puis, la nuit s'épaississant, elle disparaît dans l'ombre. Arrivé près de la crête, Philipp aperçoit des soldats du génie allemand occupés à établir une tranchée, pendant qu'une sentinelle fait les cent pas et monte la garde près d'eux. Philipp dissimule ses hommes dans un petit bois, avec défense de bouger et de crier, quoi qu'ils entendent. Il emmène avec lui un camarade et lui dit :

— Quand nous serons près de la sentinelle et que celle-ci criera : *Wer da !* (Qui va là ?), tu te tiendras à l'écart de moi, sur la gauche, et tu feras du bruit avec ta baïonnette, de façon à faire retourner la sentinelle vers toi. Quoi que fasse le Boche, quoi que je fasse, ne dis rien, couche-toi sur le sol et attends mes ordres.

Les deux hommes avancent sans bruit ; ils ne sont qu'à deux pas de la sentinelle allemande qui se promène en fredonnant un air du pays. Philipp prend à droite, et en marchant fait un petit bruit.

— *Wer da !* crie le Boche.

A ce moment, l'autre colonial, exécutant la consigne, remue la baïonnette dans le fourreau. La sentinelle se retourne vers la gauche. C'est ce qu'attendait Philipp, qui, posté à droite, bondit sur l'Allemand, lui plonge par deux fois sa baïonnette dans la poitrine et saisit son fusil. La sentinelle s'écroule sans pousser un cri. Prestement, Philipp, sans être vu des soldats qui travaillaient à vingt-cinq mètres plus loin à creuser la tranchée, prend le manteau, le casque et le fusil de la sentinelle et se met à monter la garde à sa place ; de temps à autre, il fait rouler le cadavre de l'Allemand pour le dissimuler le plus possible. Bientôt, la tranchée étant terminée, les soldats allemands partent pour rejoindre le gros des troupes, non sans adresser un salut amical à la sentinelle, qui, à leur grand étonnement, continue sa promenade sans leur répondre.

Quand ils ont disparu, Philipp jette son casque et son manteau allemands, court dans le bois chercher ses camarades et les vingt-

six coloniaux s'installent dans la tranchée
ennemie. Au petit jour, une compagnie bava-
roise arrive pour prendre possession de la
tranchée préparée par le génie. Elle avance
sans méfiance, les soldats devisant et plaisan-
tant entre eux. Quand ils ne sont plus qu'à
quelques pas, Philipp et ses vingt-cinq camarades tirent sur eux sans répit. Un grand
nombre d'Allemands tombent ; les autres
veulent prendre la tranchée d'assaut ; un feu
meurtrier décime les téméraires et met les
autres en fuite, sauf dix-huit qui lèvent les
bras et se rendent.

Pendant ce temps, le 24° colonial, enten-
dant la fusillade, accourt au pas de charge,
le colonel en tête ; Philipp s'élance vers lui
en disant :

— Mon colonel, j'ai le plaisir de vous of-
frir cette tranchée ; elle est sur la crête ;
vous pourrez vous rendre compte d'ici, mieux
que moi, de la position des forces allemandes.

Le colonel, les larmes aux yeux, félicite
Philipp que le régiment tout entier acclame
avec frénésie. Devant toutes les troupes, la
médaille militaire est remise au caporal Philipp sur le théâtre de ses exploits.

XLV

Le sourd-muet.

Nous avions brillamment enlevé la moitié
d'un village.

Les Allemands avaient par la force maintenu dans le village autant d'habitants qu'ils
y en avaient trouvé lorsqu'ils s'en étaient
emparés pour la première fois. La population
était composée en presque totalité de femmes
et d'enfants ; il n'y avait guère que trois vieil-
lards et deux infirmes. C'est là un des motifs
pour lesquels nous tenions à enlever l'autre
moitié du village.

La population civile de nos villes et villa-
ges était un atout considérable que les Allemands possédaient contre nous. Eux pouvaient nous bombarder et nous, nous ne le
pouvions pas, parce que, pour les atteindre,
il fallait faire tomber les édifices et les maisons, dans les décombres desquels nos fem-

mes, sœurs, filles ou enfants auraient été ensevelis.

Lorsque la partie sud fut conquise par nous, nous avions essayé de ravir aux Boches ces pauvres gens ; mais l'ennemi avait tout fait pour les conserver. A mesure qu'ils se retiraient, ils les obligeaient à évacuer les maisons qu'ils abandonnaient.

Pour arrêter notre élan, ils placèrent femmes et enfants, dans l'école publique, d'où leurs mitrailleuses pouvaient balayer la place du marché que nous devions traverser pour aller en avant.

L'ordre fut donné de s'arrêter.

Pour avancer, il aurait fallu abattre ces mitrailleuses et ce tir aurait occasionné de nombreuses victimes françaises. Aussi depuis ce jour, les chefs et les soldats n'avaient qu'une idée fixe : mettre à l'abri les femmes et les enfants.

C'était la conversation de tous.

Les deux mitrailleuses étaient là, placées dans l'encadrement d'une fenêtre. On les voyait fort bien. Quelquefois une tête de soldat allemand apparaissait. Les nôtres n'essaient même pas de tirer, tant ils craignent d'atteindre un des nombreux enfants dont on entend parfois le rire perlé.

Le colonel a reçu des instructions pour enlever le village le 5. Il faut exécuter l'ordre. Cependant il est très inquiet des conséquences de l'attaque dans les conditions actuelles.

Il demeure en observation derrière un mur lézardé au point qu'il en est crénelé. Il regarde les mitrailleuses, sujet de tant de préoccupations. De son poste, il voit même les enfants qui jouent dans la rue. Un des infirmes est là près d'elles. Il leur fait des gestes de sourd-muet.

Le colonel a une pensée subite.

Il fait immédiatement appeler l'un de ses hommes nommé Roumer et lui dit :

— Tu connais le langage des sourds-muets ?

— Oui, mon colonel.

— Tu vois cet infirme là-bas dans l'école, les gestes qu'il fait, sont-ils l'expression du même langage sourd-muet que celui que tu connais ?

— Oui, mon colonel !

— Tu vas prendre le petit miroir que voici, et tu lui enverras le soleil en pleine figure pour attirer son attention, et quand je te le demanderai, tu lui diras de pousser, sans qu'on s'en aperçoive, les enfants dans le coin droit de la classe. Dis-lui aussi que, dès que cela sera fait, il te prévienne.

— Oui, mon colonel.

Le colonel fait appeler dix bons tireurs, les place derrière un mur qui les abrite bien, afin qu'au commandement ils visent les hommes qui mettent les mitrailleuses en action. Puis il range en ordre, à l'abri, la colonne qui doit aller à l'assaut de l'école.

Le sourd-muet fait le signe libérateur, les enfants sont à l'abri... Les tireurs abattent successivement tous les Allemands qui sont aux mitrailleuses, et, enfin, nos fantassins, baïonnette au canon, entrent en trombe dans la cour de l'école.

En dix minutes, grâce à la présence d'un sourd-muet, le village venait d'être délivré des Teutons.

XLVI

L'air est pur, la route est large.

Lettre d'un « poilu » à sa femme.

« Je vais te raconter comment j'ai sauvé mon lieutenant. De retour à la tranchée, nous nous apercevons qu'il manque, on l'entend qui crie; le commandant demande deux hommes de bonne volonté ; je ne sais ce qui m'a passé par la tête, je dis :

— J'y vais, mon commandant.

— Courage, mon ami, me dit-il en me serrant la main.

« Et me voilà parti. A ce moment, le feu ennemi redouble d'intensité. Tant pis, je suis parti : j'entends le lieutenant qui, d'une voix affaiblie, demande :

— Qui va là ?

— C'est moi, Poitevin.

— Sauvez-vous, dit-il, vous allez être touché.

« Je réponds : « Mon lieutenant, je suis venu vous chercher, je vous emporterai, à la grâce de Dieu !

« Je le charge sur mes épaules, tant bien que mal, et nous voilà partis. Ça crache toujours, mais nous avançons, je fais ainsi trois cents mètres et finalement nous arrivons à la tranchée sans être touchés.

« Le commandant me félicite, le lieutenant m'embrasse et me dit : « A la vie, à la mort. » Je n'ose te le dire, mais tout en rejoignant les camarades avec mon lieutenant sur le dos, je fredonnais : « Le ciel est pur, la route est large. » Faut être fou, quoi !

Les braves gens !

XLVII

Au téléphone.

— Tout va bien, mon colonel !

Dans le téléphone, c'est la voix d'un gamin de vingt ans.

La vieille redoute, à l'entrée du bois, est occupée par cent cinquante hommes, le front collé au parapet, attendant la mort.

Un peu en arrière, il y a le poste des téléphonistes, qui correspond avec le colonel commandant le secteur, à quinze cents mètres de là...

— Oui, mon colonel, tout va bien...

La canonnade ennemie devient plus menaçante, son tir plus précis.

Tout à coup, on entend retentir des cris de douleur : un obus de 105 vient de tomber sur le parapet.

— La redoute tient toujours ?

— Oui, mon colonel, la redoute tient toujours.

Les marmites succèdent aux marmites ; la position devient intenable.

Devant le poste des téléphonistes, des hommes passent, le visage blême, des blessés qui se traînent à peine...

— Mon colonel, un obus vient de tomber sur l'abri du capitaine.

— Et le capitaine ?

— Enseveli avec toute sa section...

— Tu peux rester encore ?

— Je reste, mon colonel !...

Maintenant la compagnie, décimée, commence à se replier sur la lisière du bois ; les autres téléphonistes vont rejoindre leurs camarades.

Mais le petit demeure cramponné au bout du fil ; il a dit au colonel qu'il pouvait rester, il restera, il veut rester...

— Tu seras cité à l'ordre de l'armée...

— Oh ! ce n'est pas la peine, mon colonel !...

Sur la redoute vide, les obus tombent toujours.

— Mon colonel, tout est écroulé autour de moi ; faut-il que je reste ?

— Reste si tu peux : j'envoie une autre compagnie occuper la redoute.

— Bien, mon colonel !...

Et il est resté, pour annoncer l'arrivée de la nouvelle compagnie.

L'exploit de cet héroïque soldat téléphoniste fut connu par le capitaine de la nouvelle compagnie qui, en arrivant sur les ruines du fortin bombardé, le trouva là, tranquille, souriant, — et en parfaite santé.

— Mon colonel, tout va bien !...

Ce jeune téléphoniste appartenait au 13ᵉ régiment d'infanterie.

XLVIII

« Prenez-en un au hasard. »

Les généraux étaient pleins de confiance, d'amour et d'admiration pour leurs troupes. Quand on les interrogeait, il n'était pas d'éloges qu'ils ne leur décernassent.

L'un d'eux, un jeune chef qui avait été au Tonkin et au Maroc, et qui commandait une armée dans l'Est, disait :

— Je suis à genoux devant mes soldats.

Un autre, qui commandait également une armée, mais à l'ouest du front, chef éminent dont le conseil faisait autorité, s'exprimait ainsi :

— Je ne sais vraiment pas si ce sont les chefs qui valent les soldats, ou les soldats qui valent les chefs.

Un troisième, un général de division, officier qui avait une rare connaissance des troupes, disait en montrant des soldats qui défilaient, retour des tranchées, boueux, hir-

sutes, mais alertes, gais et beaux d'allure et de
tenue dans leur accoutrement fatigué et sali :

— Voyez ces hommes qui passent ; prenez-en un au hasard, c'est un héros.

Poilus, admirables poilus, superbes gavro-
ches de l'épopée, avec vos vêtements raides
de boue, vos cache-nuque en lambeaux, vos
barbes broussailleuses, vos cheveux d'hommes des bois, vos joues bronzées et vos yeux
rieurs, vous serez plus fameux et plus vénérés
que les grognards de la vieille garde avec
leurs bonnets à poil, leurs guêtres blanches,
leurs buffleteries croisées et leurs longues
moustaches tombantes, tels que les a peints
Raffet. Vous les égalez en courage et les sur-
passez en docilité ; et votre belle humeur,
votre vaillante endurance, votre sublime héroïsme sous les brouillards et les pluies gla-
cées des tragiques hivers de la guerre, forme-
ront une légende qui éclipsera celle de vos
pères aux yeux émerveillés desquels s'est
levé le soleil d'Austerlitz.

FIN

TABLE DES MATIÈRES

Pages

I. — Comment meurt un officier français. 5

II. — Comme à Fontenoy 9

III. — Les prouesses du caporal Sapin. 11

IV. — Un acte d'héroïsme 14

V. — La mort du général 17

VI. — Le sergent Duché. 20

VII. — Comment le premier maître
Robic, des fusiliers marins,
gagna la Croix de guerre, la
Médaille militaire et la Légion d'honneur. 24

VIII. — Le brave clairon 33

IX. — L'héroïsme des pontonniers pendant la bataille de Soissons. 37

X. — Le pliant du général. . . . 40

XI. — Le carnet sublime. 42

XII. — Dernière volonté 48

XIII. — Le sergent Muzet. 49

XIV. — Héroïsme de deux sapeurs en
Artois. 53

XV. — Un héros de dix-huit ans . . 56

XVI. — Un moderne d'Assas. . . .   60
XVII. — La présence d'esprit de l'Alsacien.   62
XVIII. — L'absolution   65
XIX. — Un des héros de la division de fer   67
XX. — La mission sacrée.   71
XXI. — Une croix bien gagnée . . .   76
XXII. — Le fossoyeur sublime. . . .   78
XXIII. — Un héros de la division bleue.   81
XXIV. — L'héroïque figure du duc de Rohan.   88
XXV. — Au bois de Hem   93
XXVI. — Chez les héros.   97
XXVII. — Simple histoire d'un héros. .   104
XXVIII. — L'héroïsme d'un aide-cuistot .   109
XXIX. — Debout, les morts !   112
XXX. — Un Français vaut trois Allemands.   115
XXXI. — Le zouave héroïque   117
XXXII. — La mort d'un héros   121
XXXIII. — Une défense héroïque . . .   125
XXXIV. — La défense du bois des Caures par les héroïques chasseurs du colonel Driant   129
XXXV. — Les fantassins d'Haumont égalèrent les chasseurs du bois des Caures   137
XXXVI. — La mort du sergent Bailly . .   142
XXXVII. — Le tambour.   146

XXXVIII. — Les dragons ne se rendent pas ! 148

XXXIX. — Le timonier du « 310 » . . . 153

XL. — Le marsouin Mathieu Jouy. . 158

XLI. — Le pain de la gloire 161

XLII. — Comment le chasseur Leriche a gagné sa médaille militaire. 165

XLIII. — Canon et canon 169

XLIV. — Bravoure sublime. 171

XLV. — Le sourd-muet. 175

XLVI. — L'air est pur, la route est large. 179

XLVII. — Au téléphone 181

XLVIII. — « Prenez-en un au hasard ». . 184

MAYENNE, IMPRIMERIE CHARLES COLIN

www.ingramcontent.com/pod-product-compliance
Lightning Source LLC
LaVergne TN
LVHW021706060726
842527LV00003B/1022